知識ゼロからの富士山入門

瓜生中
Uryu Naka

幻冬舎

富士山の四季

桜と富士、茶畑と富士、紅葉と富士、雪景色と富士など、
富士山は四季折々、実に多彩な姿を見せてくれる。

逆さ富士やダブルダイヤモンド富士など、
富士五湖などの湖は富士山をより神秘的に演出してくれる。

ダブルダイヤモンド富士

千円札の富士（本栖湖）

朝焼けの富士とラベンダー（大石公園）

田貫湖と富士山

富士山と雲

笠雲や吊雲など、
その特異な地勢から富士山には
さまざまな形のユニークな雲がかかる。
そして、それらの雲は
天候の変化を正確に教えてくれる。

「白の彩り」（忍野村）

「三重笠雲」（忍野村）

「雲渡る」（忍野村）

「暮れる富士」（忍野村）

富士山の1日

富士山は1日のうちでも刻一刻とその姿を変える。

とりわけ、日の出と日没前後にはめまぐるしく変化する。いつまで見続けても飽きない山だ。

富士山御来光

「流れ雲」忍野村

「峠の夜明け」忍野村

日本平からの夕景

「落陽」忍野村

「落月」忍野村

駿河湾夜景

知識ゼロからの富士山入門

はじめに

富士山はエベレストやモンブランなどとともに世界屈指の名峰として広く知られている。そして、富士山は古くから日本独自の山岳信仰の山として崇《あが》められてきた。三七七六メートルの日本の最高峰は、その美しく神々しい山容、四季折々に見せる景観の美しさもさることながら、山頂から山麓、ひいては富士山を望むことのできるいたるところに富士信仰の痕跡を認めることができる。また、古くから多くの古典文学に登場し、葛飾北斎《かつしかほくさい》の『富嶽《ふがく》三十六景《けい》』をはじめ、絵画にも多く描かれてきた。富士山は芸術面でも独自のジャンルを形成してきたのである。

このような信仰の山としての側面が評価されて、今回、世界文化遺産に登録されることになったのだ。

富士山が世界文化遺産に登録されるためには、「信仰の対象」と「芸術の源泉」を中心とした文化的価値が認められる必要があった。ユネスコの世界文化遺産委員会は世界文化遺産登録のための一〇項目の評価基準を定めているが、富士山に適合する評価基準は次の三点に絞られた（以下、山梨、静岡両県が文化遺産登録に先だって発表した「富士山を世界文化遺産に」という案内から抜粋する）。

一、現存するか消滅しているかにかかわらず、ある文化的伝統又は文明の存在を伝承する物証として無二の存在（少なくとも希有な存在）である。

二、歴史上の重要な段階を物語る建築物、その集合体、科学技術の集合体、あるいは景観を代表する顕著な見本である。

三、顕著な普遍的意義を有する出来事（行事）、生きた伝統、思想、信仰、芸術的作品、あるいは文学的作品と直接または実質的関連がある。

この評価基準を満たすため、山頂から山麓にいたる二五の構成資産を両県がユネスコの諮問機関イコノスに提出した。その構成資産の中に三保松原《みほのまつばら》が含まれており、登録されるか否かで話題を呼んだことは記憶に新しい。

構成資産は富士山頂の「お鉢巡《はちめぐ》り」、山麓に展開する浅間《せんげん》神社、古くから信仰の道として使われてきた登拝（登山）道、胎内樹型や人穴と呼ばれる洞穴、富士信仰の結社である富士講の人々が宿泊した御師住宅、白糸の滝や三保松原など実に多岐にわたる。

小著ではこれらの構成資産について解説するとともに、山梨、静岡両県以外の富士信仰の遺跡、さらには絵画や文学に登場する富士山についても触れる。イラストや写真などを豊富に用いてビジュアル的にイメージを掴みやすくした。また、コラムでは富士山にまつわる知られざるエピソードを中心にご紹介している。

小著を仲立ちとして読者の方々が富士山の魅力をより深く感じていただければ幸いである。

平成二六年春

瓜生　中

もくじ

◎第三章◎ 浅間神社

◎第四章◎ 富士山内の文化遺産

◎第五章◎

絵画や文学に描かれた富士山

◎第一章◎

富士山の地理と自然

地形から見た富士山

富士山の位置と範囲

富士山が位置するのは北緯三五度二一分、東経一三八度四三分。日本列島のほぼ真ん中に聳《そび》えている。

静岡県と山梨県にまたがり、静岡県側は富士宮市、裾野《すその》市、富士市、御殿場《ごてんば》市、駿東郡《すんとうぐん》小山町《おやまちょう》、山梨県側は富士吉田市、南都留郡鳴沢村《みなみつるぐんなるさわむら》に裾野を広げている。

標高三七七六メートルの剣ヶ峰《けんがみね》が山頂（静岡県に属する）だが、火口の外周には吉田口や須走《すばしり》口、富士宮口などの各登山道の山頂がある。各山頂に立てば富士山に登頂したことになるが、各山頂から剣ヶ峰に至るにはさらに火口の外周を数十分ほど歩かなければならない。そして、火口の外周を巡るのが「お鉢巡り」だ。

山頂から静岡県と山梨県にまたがる広い範囲に、浅《せん》間《げん》神社や胎内樹型、御師《おし》住宅、忍野八海《おしのはっかい》など世界文化遺産の構成資産（26ページを参照）が点在する。

古富士と新富士

今から二〇万年ほど前から日本列島付近では活発な火山活動が起こり、現在の富士山周辺では小御岳《こみたけ》山と愛鷹山《あしたかやま》、箱根山ができた。その後もこの一帯では複数の火山が活動を続けたが、中でもいちばん西側に位置する小御岳山が活発な噴火を繰り返し、五万年ほど前までにいわゆる古富士火山に成長した。さらに約一万年前ごろから山頂の火口がやや西に移動して噴火を繰り返し、噴出物を積み重ねて成長を続けた結果できたのが「新富士火山（現在の富士山）」である。

三〇〇〇年ほど前には古富士火山も新富士火山の東に聳えており、標高三七七六メートル（現在の標高で三〇〇〇年前の正確なものではないが、おそらく今の標高と大差はなかったものと考えられている）と標高三〇〇〇メートルほどの山頂が並ぶツインピークだっ

富士山の成り立ち

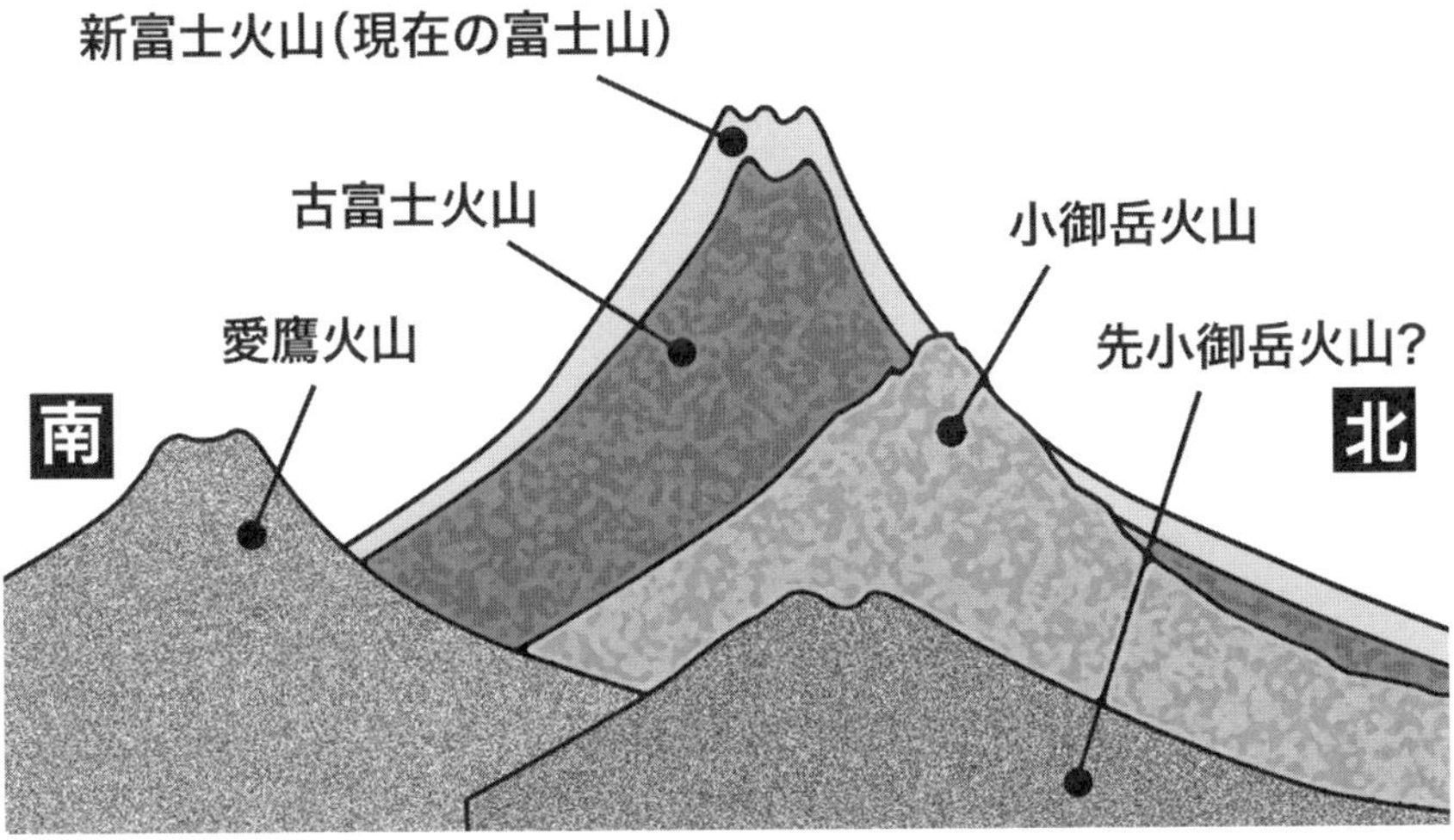

噴火を繰り返した富士山は、噴出された溶岩によって高く、美しい姿になった。

たのだ。

しかし、今から約二九〇〇年前に古富士火山が大規模な山体崩壊（山の大部分が崩れ落ちる現象）を起こした。その結果、古富士火山の頂上付近は現在の御殿場側に崩れ落ちてなくなり、新富士火山だけが独立峰として聳えるようになった。

新富士火山はその後も噴火を繰り返し、約二二〇〇年前ごろに現在見られるような美しい山容になった。その後、約三〇〇年前に宝永の大噴火（14ページを参照）を起こし、東側に大きな火口ができた。その後、三〇〇年にわたって活動を休止している。

また、近年の研究では小御岳火山の下に「先小御岳火山」があったとされている。だとすると、今、われわれが眺めている富士山には古富士火山、小御岳火山、先小御岳火山という三つの山が隠されていることになる。

富士山の東北東の山麓にある山中湖から富士山を望むと、裾野の両端が少し盛り上がって見える。この盛り上がりが小御岳火山などの富士山の土台となった山だという。

噴火を繰り返した富士山

延暦大噴火

富士山の噴火の歴史をたどってみると、約一万一〇〇〇年前に現在見られる新富士が形成されてから、四〇〇〇年ほどの間は平穏な時期が続いた。しかし、今から約五〇〇〇年ほど前から新富士は新たな活動期に入ったと考えられている。

噴火に関する最古の記録は『続日本紀《しょくにほんぎ》』に見え、天《てん》応《おう》元年（七八一）のことと伝えられている。以降、江戸時代の宝永大噴火まで一六回の噴火が記録されている。とくに平安時代に噴火が多く一〇回程度の記録が見られる。

平安時代に編纂《へんさん》された『日本紀略《きりゃく》』という歴史書には、平安時代はじめの延暦《えんりゃく》一九年（八〇〇）に噴火したことが記録されている。昼は噴煙で真っ暗になり、夜は凄《すさ》まじい火山の火が天を照らし、雷のような大音が轟《とどろ》き、火山灰が雨のように降り、麓の川の水は真っ赤になったと記されている。これを「延暦大噴火」と呼んでいる。

貞観大噴火と宝永の大噴火

次の大噴火は貞観《じょうがん》六年（八六四）のことで、これを「貞観大噴火」といっている。その噴火の様子は平安時代に編纂された歴史書『日本三代実録《さんだいじつろく》』に詳しい。このとき、大量の溶岩流が流れ出し、麓にあった剗《せ》の海《うみ》という広大な湖の大半を埋めたという。剗の海の東端と西端が僅かに残り、

青木ヶ原樹海

約3,000haにも及ぶ樹海。

宝永山

右に見える小高い山が宝永山。真ん中の大きなくぼみは宝永第一火口。

これが現在の精進湖《しょうじこ》（西端）と西湖《さいこ》（東端）である。また、このとき溶岩が現在の青木ヶ原一帯を広く多い、その後、溶岩の上に形成された森林が青木ヶ原樹海である。

平安時代には承平《じょうへい》七年（九三七）、長保《ちょうほう》元年（九九九）、長元《ちょうげん》五年（一〇三二）、永保三年（一〇八三）などの噴火の記録がある。その後は室町時代の永享《えいきょう》七年（一四三五）、永正八年（一五一一）に噴火。江戸時代の元禄一六年（一七〇三）には噴火はなかったが、鳴動（轟音とともに揺れ動くこと）したことが記録されている。

そして、一七〇三年の鳴動から四年後の宝永《ほうえい》四年（一七〇七）に「宝永の大噴火」があった。この噴火でできたのが富士山の北方、八合目付近にある宝永山である。宝永の大噴火は史上最大級の地震と考えられている宝永地震の四九日後に起こった。

このように記録に残っているだけでもたびたび、噴火を繰り返した富士山は、早くから人々に畏敬《いけい》の念を起こさせ、そのことがこの山に対する信仰をいやが上にも深めさせていったのである。

宝永の大噴火

記録に残された大噴火の様子

先にも述べたように、宝永の大噴火は貞観の大噴火と並んで富士山の噴火史上最大規模の噴火だった。噴出物の量は貞観の噴火が一三億立方メートル、宝永の噴火はその半分の七億立方メートルと推定されている。規模としては貞観の大噴火の方が大きい。

しかし、この噴火は江戸時代という近世に起こったことから、かなり詳細な記録が残っている。その記録をもとに宝永の大噴火を見てみよう。

宝永の大噴火は宝永の大地震の四九日後に起こったことはすでに述べた通りである。宝永四年の一二月三日ごろから十数日間にわたって富士山麓では鳴動がたびたび感じられた。そして、地震前日には山麓の広い地域で群発地震が感じられ、一二月一六日の噴火当日の朝、とくに強い揺れを感じたという。

記録に見る宝永の大噴火

当時の噴火の様子を描いた「伊東志摩守日記 富士山噴火記録絵図」。

宝永山の火口

宝永山には三つの火口が確認できる。奥に見えるのが、一番大きな第一火口。

一二月一六日の午前一〇時ごろ、最初の噴火が起こった。その噴煙は江戸や甲府、遠くは長野の下伊那でも目撃された。また、噴火後間もなく噴煙は折からの季節風（西風）に流されて風下の地域の空を覆い、夕暮れのように暗くなったという。

また、山麓の広い範囲に火山灰や軽石が雨のように降り注いだ。さらに宝永火口から一〇キロほどしか離れていない須走《すばしり》浅間《せんげん》神社がある村では灼熱《しゃくねつ》した軽石の塊が多く落下して、数十軒の家を焼きつくした。

噴火当日、早くも江戸には季節風に乗った火山灰が降った。けれども、この日の江戸は曇天で噴煙が確認されなかったことから、江戸市民は富士山の噴火に気がつかなかったらしい。噴火はこの日の午後には一時、小康状態になった。しかし、日が暮れてから再び激しくなった。夜になると火柱が立ち、真っ赤に焼けた火山弾などの噴出物の放出が夜空を照らし、野外で書物が読めるほどの明るさだったという。

約二週間続いた噴火

一六日以降も噴火は断続的に続いた。その噴煙は江戸と名古屋で目撃されたほか、長野や遠く三重県の津でも見られたという。最初の噴火から一〇日を経過した一二月二五日から、再び噴火が活発になった。この日の三時ごろから江戸では噴煙が見られ、やがて西の空を覆って太陽を遮《さえぎ》ったという。

火山灰や火山弾などが降りしきる中、避難する村人たち。

その後も江戸などで噴煙が目撃され、名古屋などでは強い地震も感じられたという。

そして、大晦日《おおみそか》の夜に再び激しい噴火があり、夜中に名古屋や長野の下伊那で空振《くうしん》（噴火の衝撃で障子などが振動すること）や鳴動が感じられたという。しかし、元日の未明に噴火したのを最後に火山活動は停止した。

長く続いた噴火後の被害

宝永の大噴火は大きな被害をもたらし、山麓の村を廃村に追い込んだ。しかし、死者がでたという記録はない。先に述べた須走浅間神社のある須走村も、神社の社殿をはじめ、民家のほとんどが焼失し、二メートルにも及ぶ火山灰が降り積もった。しかし、村人は避難して無事だったという。

詳細な記録があるといっても、江戸時代のことである。報告されなかった死傷者があったかもしれないが、歴史に残るほどの大量の死者がでなかったことは事実であろう。

しかし、本当に恐ろしい被害は噴火後、数十年にわたって続いたのである。一つには火山灰が厚く降り積もった東麓では、耕作が儘《まま》ならず、飢饉によって多くの餓死者がでた。また、最も長期にわたって人々を悩ませたのが土石流と洪水である。

雨が降るたびに、大量の噴出物が下流に流され、川底を埋める。川底の浅くなった川は、大雨が降ると大洪水を引き起こすのである。洪水の被害が繰り返されたのは、東麓を流れて小田原にいたる酒匂川《さかわがわ》である。

幕府は噴火直後から洪水の被害を予想して堤防の補強工事を行っていた。しかし、噴火翌年の八月、補強工事を終えたばかりの大口堤が洪水で決壊した。

その後、利根川《とね》の治水工事などで成果を上げた専門家を派遣したが、自然の猛威は食い止めることができず、毎年のように酒匂川流域に被害が及んだ。

噴火から二七年後の享保《きょうほう》一九年（一七三四）の洪水では七〇人に及ぶ犠牲者をだした。そして、一連の治水工事が終わり、落ち着きを取り戻したのは、噴火からなんと八〇年を経た天明《てんめい》五年（一七八五）ごろのことである。

コラム

幕府の救援活動

幕府は噴火から2日後の18日には調査隊を組織して小田原に入った。その後、小田原藩とともに被害状況などを調査したが、あまりにも甚大な被害に幕府は打つ手がなく、必要な措置を取らないまま時間ばかりが過ぎた。

見かねた小田原藩が食糧の支給などの支援を開始したが、これも焼け石に水といった状態だった。そんな中で飢餓《きが》状態に陥った住民たちが幕府への直訴の構えを見せたことから、小田原藩が本格的な食糧の支給を開始した。こうした状況の中で幕府も本腰を入れて救援と復興に乗り出し、噴火から2カ月以上を経過した2月24日、小田原を幕府の直轄領とした。小田原藩単独の復興支援は無理と考え、幕府が直々に乗り出すことになったのだ。

幕府は復興のための臨時税を徴収し、当時の国家歳入の4割に相当する税金を集めた。しかし、復興に使ったのは1割程度といわれ、後は逼迫《ひっぱく》していた財政の穴埋めに使われたという。

富士山の美しい姿の秘密

世界屈指の美しい山容

地質学の観点では、富士山は成層《せいそう》火山といわれる火山の典型である。成層火山とは、ほぼ同じ火口からの噴火を繰り返し、噴出した溶岩や火山灰、火山岩などが堆積《たいせき》して長い時間をかけてできあがったものだ。溶岩や火砕流《かさいりゅう》などの堆積物が層を成していることから成層火山と呼ばれるのだ。

同じ噴火口からの噴火を繰り返すことによって、山の形状はほぼ円錐形になるのが成層火山の特徴で、頂上に近づくほど傾斜は急になり、下に行くほど緩やかな傾斜になって、広い裾野を持つ場合が多い。

日本では富士山を筆頭に、岩手山、岩木山、浅間山、羊蹄山《ようていざん》などの成層火山があり、海外には南極のエレバス山、イタリアのエトナ火山、フィリピンのピナトゥボ山、カメルーンのカメルーン山などが知られている。

これらの成層火山の中でも富士山の美しさは群を抜いており、世界屈指の規模を誇っている。

富士山は記録に残っているだけでも一六回もの噴火を繰り返している。その間に溶岩などの堆積物が積み上げられて現在の美しい山容が形成されたのである。

成層火山は活動期には堆積物が次々と積み上げられるので、円錐形の美しい形状を保つ。しかし、休止期に入ると、火口付近の一部で崩壊が進むことがある。

近年では旧火山という概念がなくなり、火山は活火山か死火山のどちらかに分類される。最近、大地震が富士山の大噴火を誘発することが指摘されているが、富士山は活火山に分類されているのだ。

しかし、江戸時代の宝永四年（一七〇七）の噴火以来、休止期が続いている。その間に大沢崩れなどの崩落が進み、山容は少しずつ変化しつつある。このことが世界自然遺産になりにくかった大きな要因の一つで

愛鷹山

富士山の手前に見える低い山が愛鷹山。

もある。

噴火と崩壊

先に述べたように富士山は過去に噴火を繰り返してきたが、現在のような休止期もあった。もともと火山灰や軽石などの噴出物でできた火山は休止期になると、どんどん崩れ落ちていく。大沢崩れをはじめとして、富士山では現在も崩壊が進行しているのである。

成層火山は活動を終えるとしだいに崩壊が進み、固い岩場だけが残されて深い谷を刻む。富士山の南麓にある愛鷹山《あしたかやま》もかつて成層火山であったが、一〇万年前の噴火を最後に活動を停止した。一〇万年の歳月が深い谷を刻み、富士山とはまったく異なる山容になった。そして、富士山も今後、火山活動を停止すれば、数万年後には愛鷹山と同じような山容になるに違いないのだ。

しかし、富士山は活火山でこれから先も噴火する可能性がある。噴火によって大量の噴出物を排出すると、大沢崩れなどのような崩壊個所を埋めて、化粧直しされる可能性があるのだ。

富士の伏流水

一〇〇年以上もかかって湧き出る

現在の富士山の五合目付近には、かつて新富士が呑み込んだ小御岳火山と愛鷹火山が潜んでいる。そして、富士山に降った雨や雪解け水は、粗い粒子の火山礫などの層を通り抜け、富士山が呑み込んだ小御岳火山などの岩盤に達し、それらの山肌を通って外部に湧出しているのである。

これが忍野八海《おしのはっかい》や白糸の滝、柿田川《かきたがわ》湧水群などに見られる伏流水だ。これらの伏流水は富士山に降った雨水や雪解け水が場合によっては一〇〇年以上もかかって麓で湧出しているものだ。現在、確認されている湧水の最も高い地点は富士宮口二合目付近で、標高一六七〇メートルのところである。湧水は山麓を帯状に分布しており、駿河湾の海底や西湖の湖底からも湧出しているといわれている。その湧出量は一日約

柿田川湧水群

日本三大清流の一つとして知られている。

一五〇万立方メートルになるといわれている。

主な湧水（湧泉）群

前述したように富士山の湧水は山麓に帯状に分布しているが、とくに湧水が集中している場所がある。

南東麓にあるのが三島湧水群で、柿田川湧水池や小浜池などがあり、古くから「水の都」として知られている。昭和三〇年代後半の高度成長期には工業用水の汲み上げなどによって著しく枯渇したが、近年になって復活し、とりわけ柿田川湧水群は日本三大清流に数えられ、清冽な湧水が滔々《とうとう》と流れている。湧水量は一日一〇〇万立方メートルといわれ、三島市や清水町などの水道水として供給されている。

次に南麓の湧水群として知られているのが富士市の東部に分布する吉原湧水群である。駿河湾に近いこの地域には湧水公園などが整備されて、透明度の高い湧水が昏々《こんこん》と湧き出している。

西麓には富士山本宮浅間大社境内の湧玉池や白糸の滝がある猪之頭《いのがしら》湧水群がある（22ページを参照）。

そして、山梨県側の北麓にあるのが忍野八海を中心とした湧水群で、その名の通り大小八つの池が富士山北麓に分布している。一番小さなお釜池はわずか二四平方メートルだが、常に昏々と湧き続け、他の池とともに「全国名水百選」に選ばれている。

コラム

危機を乗り越えた柿田川湧水群

今は日本三大清流といわれ、また、東洋一の湧水といわれている柿田川湧水群だが、昭和30年代から40年代にかけての高度成長期には危機に瀕《ひん》した時期があった。近くに進出した工場などからの排水の垂れ流しで、水質が悪化したのだ。1970年代には川岸がコンクリートの護岸で覆われ、辺りにはゴミが山積する状態だったという。これを見かねた地元の人々などが中心になって1980年にナショナルトラスト運動が始まった。

工場の移転や清掃活動をする一方、資金を募って流域の土地の買い上げを行った。その結果、カワセミや柿田川湧水群特有の水中植物のバイカモなどが自生する清流を取り戻したのだ。

白糸の滝（世界文化遺産）

源頼朝も感動した美しさ

富士山の西麓に位置する白糸の滝は、日本百名瀑《めいばく》として知られる名所だ。滝の高さは約二〇メートル、長さは約一二〇メートル、富士山の伏流水が岩棚から糸を垂らしたように流れ落ちていることから「白糸」の名がある。

ふつう、滝は川の流れが段差によって流れ落ちるのだが、白糸の滝は岩盤の途中から浸み出すという珍しいものだ。これは新富士山の下に、水を通さない古富士山の岩盤があるためだ。新富士山に降った雨や、雪解け水が長い時間をかけて古富士山の表面の層を流れ、古富士山と新富士山の二つの地層が露出したこの地点で外に噴き出しているのだ。

白糸の滝

新緑や紅葉の時期は、ひときわ美しさが増す白糸の滝。

鎌倉時代、源頼朝は富士山麓での巻狩《まきがり》（四方から獲物を追い詰めて行う狩り）の折、白糸の滝を訪れて次の歌を詠《よ》んだことは良く知られている。

この上に　いかなる姫や　おわすらん
おだまき流す　白糸の滝

◆現代語訳

白糸の滝の上流には天女のような姫がいて、おだまきを流しているのではないだろうか。

「おだまき」は麻糸を中心を空洞にして巻いたもの。

滝の美しさに感動した頼朝は、美しい高貴な女性が上流でおだまきを流していると想像したのだ。

　滝の近くには「お鬢水《びんみず》」という湧水があり、この水で頼朝が巻狩で乱れた髪を直したと伝えられている。また、滝壺の近くに「食行《じきぎょう》身禄《みろく》百遠忌《ひゃくおんき》供養碑」が建っている。これは身禄（39ページを参照）という行者を崇敬する富士講徒の手によって建てられたもので、天保《てんぽう》三年（一八三二）の年号が刻まれている。富士講徒たちも登拝の折に白糸の滝を訪れ、その美しさに心打たれるとともに、身禄を偲《しの》んで信仰を深めていたのだろう。

　白糸の滝は国の名勝、天然記念物に指定されているとともに、世界文化遺産の構成資産に登録されている。構成資産に登録されたのは、単に自然の景観の美しさだけではなく、そこに富士講などの信仰の足跡を残しているからだ。

音止の滝

　白糸の滝の近くにあるのが「音止《おとどめ》の滝」だ。幅五メートル、高さ約二五メートルで、こちらは上部を流れる小川から流れ落ちている。近くに「曽我の隠れ岩」があり、ここで曽我兄弟が仇討《あだうち》の相談をしたと伝えられている。はじめは滝の轟音《ごうおん》にかき消されて満足に相談ができなかった。そこで、兄弟が神に祈ったところ、滝の音が止まったことからこの名がある。白糸の滝とともに国の名勝、天然記念物に指定されている。

コラム

曽我兄弟の仇討

　「曽我兄弟の仇討」は講談などでお馴染《なじ》みだ。鎌倉時代、兄の曽我十郎祐成《すけなり》と弟の曽我五郎時致《ときむね》が、父の河津三郎祐泰《すけやす》の仇である、工藤祐経《すけつね》を討つ話だ。兄弟は、頼朝の巻狩に従って富士に来ていた工藤祐経を富士山麓で見事に打ち取った。その後、二人は処刑されるが、仇討の本懐を遂げた話として後世に語り継がれている。

　本文で挙げた頼朝の歌はそんな血生臭い事件の直後に詠まれたものだ。頼朝には滝の美しさがより心に響いたのかもしれない。近くに工藤祐経の墓と伝えられているものもある。

富士山の気象と植生

富士山の気象の特徴

標高三七七六メートルの富士山は上に行くほど気温が下がる。夏の一時期を除いてほとんど氷点下で、年間の平均気温はマイナス六・二度。最も気温が高い八月の平均気温が六・二度。また、最高気温の記録は一七・八度（八月）、最低気温の記録はマイナス三八度だ。富士山麓の三島と山頂の年間平均気温は二二度程度の差がある。

また、富士山山頂は風が強い。年間を通して西北西、ないし西風が吹いている。

年間の平均風速は秒速一二メートル。一九六六年には九一・〇メートルという凄まじい勢いの最大瞬間風速を記録している。また、八月のいちばん穏やかな時期でも平均風速は七・四メートルと、平地であればかなりの風速である。

富士山では常に西寄りの風が吹いているので、海を渡って来た水蒸気を含んだ風が山肌にぶつかる。水蒸気は斜面を上昇し、やがて冷やされて凝結し、雲になるため、富士山には笠雲《かさぐも》に代表されるような独特な形の雲がかかるのである。

古くから富士山にかかる雲の形で天気予報ができるといわれ、予報が当たる確率もかなり高い。

一般に笠のようにかかる笠雲や、尾を引くように棚引く吊《つり》雲《ぐも》がかかると天気が変わる兆《きざ》しとされている。

笠雲

笠雲には「つみ笠雲」「うず笠雲」など、さまざまな形があり、それによって天気がわかるという。

植生は五合目が境目

富士山は五合目あたりが森林限界である。したがって五合目から上にはほとんど植物が育たない岩山だ。北アルプスや立山などでは森林限界を超えても三〇〇〇メートル付近まで高山植物が自生している。これらの山では夏のお花畑を楽しむことができる。

しかし、富士山には五合目付近にアオノツガザクラなどの高山植物がわずかにあるが、他の山のようにお花畑といった光景は望めない。

高山植物は氷河期が終わった後、気候の厳しい高山に適応してきたものだ。しかし、富士山は氷河期の後も噴火を繰り返し（10～13ページを参照）、砂礫《されき》や火山灰などの噴出物に覆われているため、そのような植物が育たなかったのである。

五合目以下の植物

まず、五合目付近ではカラマツ、ナナカマドなどの落葉高木、イタドリの高山型のメイゲツソウ、フジハタザオなどが自生している。カラマツは山麓にもあるが、五合目付近では風が強いため、地を這うように低くなっているのが特徴だ。

一五〇〇メートル付近ではシラビソやコメツガなどのモミノキに似た針葉樹、白樺に似たダケカンバなどの落葉高木が見られる。また、草花ではコケモモやクルマユリ、マイヅルソウなどが見られる。

一二〇〇メートル付近ではカエデ、マメザクラ（フジザクラ）ヤマボウシ、カツラ、ホオノキなどの樹木が見られ、草花ではサンショウバラ、チゴユリ、ヤグルマソウ、フジアザミなどが見られる。

八〇〇メートル付近ではヤブツバキ、アラカシ、スダジイなどの常緑高木のほか、イヌビワのような落葉低木、テイカカズラなどのつる草が見られる。山麓は古くから農地や宅地、観光施設などの開発が進み、かつての自然林の多くは失われているのが現状だ。

富士山の植生

フジアザミが美しく咲いている。

富士山世界文化遺産の構成資産／構成要素一覧

※富士山世界文化遺産登録推進両県合同会議パンフレットより

No.	名称		所在市町村
1	富士山域		山梨県・静岡県
	1－1	山頂の信仰遺跡群	山梨県・静岡県
	1－2	大宮・村山口登山道（現富士宮口登山道）	静岡県富士宮市
	1－3	須山口登山道（現御殿場口登山道）	静岡県御殿場市
	1－4	須走口《すばしりぐち》登山道	静岡県駿東郡小山町
	1－5	吉田口登山道	山梨県富士吉田市・富士河口湖町
	1－6	北口本宮冨士浅間神社	山梨県富士吉田市
	1－7	西湖	山梨県南都留郡富士河口湖町
	1－8	精進《しょうじ》湖	山梨県南都留郡富士河口湖町
	1－9	本栖《もとす》湖	山梨県南巨摩郡身延町・南都留郡富士河口湖町
2	富士山本宮浅間大社		静岡県富士宮市
3	山宮《やまみや》浅間神社		静岡県富士宮市
4	村山浅間神社		静岡県富士宮市
5	須山浅間神社		静岡県裾野市
6	冨士浅間神社（須走浅間神社）		静岡県駿東郡小山町
7	河口浅間神社		山梨県南都留郡富士河口湖町
8	冨士御室《おむろ》浅間神社		山梨県南都留郡富士河口湖町
9	御師《おし》住宅（旧外川《とがわ》家住宅）		山梨県富士吉田市
10	御師住宅（小佐野《おさの》家住宅）		山梨県富士吉田市
11	山中湖		山梨県南都留郡山中湖村
12	河口湖		山梨県南都留郡富士河口湖町
13	忍野八海（出口池）		山梨県南都留郡忍野村
14	忍野八海（お釜池）		山梨県南都留郡忍野村
15	忍野八海（底抜《そこなし》池）		山梨県南都留郡忍野村
16	忍野八海（銚子池）		山梨県南都留郡忍野村
17	忍野八海（湧《わく》池）		山梨県南都留郡忍野村
18	忍野八海（濁《にごり》池）		山梨県南都留郡忍野村
19	忍野八海（鏡《かがみ》池）		山梨県南都留郡忍野村
20	忍野八海（菖蒲《しょうぶ》池）		山梨県南都留郡忍野村
21	船津胎内樹型《たいないじゅけい》		山梨県南都留郡富士河口湖町
22	吉田胎内樹型		山梨県富士吉田市
23	人穴《ひとあな》富士講遺跡		静岡県富士宮市
24	白糸ノ滝		静岡県富士宮市
25	三保松原		静岡県静岡市清水区

□山梨・静岡両県にまたがる構成資産／構成要素　□静岡県の構成資産／構成要素　□山梨県の構成資産／構成要素

◎第二章◎

富士山信仰の歴史

日本古来の信仰——山岳信仰とは

山は聖地

山を聖地と見なし、その頂《いただき》に神々が降臨すると考え、山を崇《あが》める信仰は世界の広い地域で行われていた。国土の大半を山に囲まれた日本列島でも、古くからさまざまな山を崇めて暮らしてきた。富士山はその典型的なものである。

また、日本では古くから死者の霊は山に赴き、一定期間さまよった後に浄化されて頂から昇天し、その霊が神となって山の頂に降臨すると考えられていた。

しかし、非業《ひごう》の死を遂げたり、世の中に強い怨みを残して亡くなったりした人の霊は亡者として山中をさまよい続け、災いをなすとも考えられていた。その意味で、山は魔界であり、他界《たかい》（死者の世界）であって容易に人々が近づくことのできない場所だった。

そして、聖地であり、魔界である山に分け入って厳しい修行に耐え、俗界では得られない不可思議な霊力を獲得しようとする人々も早くからあらわれた。これが後世の修験道《しゅげんどう》のルーツになる山岳修行者である。

彼らの存在は仏教伝来（六世紀の前半）以前から知られており、初期の山岳修行者たちは仏教よりも早くから日本に伝えられていた道教《どうきょう》的な神仙術《しんせんじゅつ》などの修得を目的として山に入っていたと考えられている。神仙術を修めれば不老長寿や、空中を自由に飛翔するなどの超能力を得ることができる。いわゆる仙人になることができるとされたのだ。

密教と結びついた山岳信仰

密教《みっきょう》はインドで七世紀の中ごろ体系化されたもので、日本には平安時代のはじめに弘法大師《こうぼうだいし》空海《くうかい》が伝えた。これを純密《じゅんみつ》とも呼ぶ。また、インドでは古くから呪術的要素が仏教と融合して行われており、これを純密に対して雑密《ぞうみつ》と呼んでいる。

日本には空海が純密を伝えるはるか以前に雑密が伝来しており、山岳修行者たちはこの手法を取り入れて超自然的な能力の獲得のために精進していたのである。

彼らは奈良時代以前に山岳修行の一定の形式を確立し、苦修練行《くしゅうれんぎょう》する中でさまざまな神秘体験を重ねていったものと考えられるのである。

山岳修行者たちは奈良時代前後には日本の宗教界において、一定のジャンルを確立していた。そして、彼らの中には極めて高い能力を身につけた修行者があらわれた。その代表が、後世、山伏《やまぶし》の祖として仰がれる役小角《えんのおづぬ》である。

役小角については謎に包まれていて、その実像はハッキリしない。山岳修行者の理想像として作り上げられたのが役小角像であると見ることができるだろう。そして、役小角の背後には複数の山岳修行のエキスパートの存在が見え隠れする。

役小角

「えんのおづの」とも呼ばれる。鬼神を駆使し、空を飛んだなどという、さまざまな伝説が残されている。

コラム

役行者とは?

本文でも述べたように役行者《えんのぎょうじゃ》の実像は謎に包まれている。公の歴史書では『日本書紀』の後の歴史を綴《つづ》った『続日本紀《しょくにほんぎ》』の文武《もんむ》天皇3年（699）の件に数行の記述が見える。それによると、役行者は葛城《かつらぎ》山などで修行して呪術的な力を身につけたが、妖術（怪しげな術）を使って人々を惑わしたかどで捕らえられ、伊豆に流されたという。この話にどれほどの信憑性《しんぴょうせい》があるかは分からない。しかし、この時代に役行者のような山岳修行者が跋扈《ばっこ》していたことを窺うことができる。

修行によって超人的なパワーを得る

「修験《しゅげん》」とは、「修行得験《しゅぎょうとくげん》」の意味だという。「験」とは験力のことで、修行によって神仏から授けられる超人的なパワーだ。仏教でいう神通力《じんつうりき》である。つまり、厳しい修行によって超人的なパワーを獲得しようとする道が修験道である。

前述したように山岳修行は、すでに奈良時代以前に一つの宗教的ジャンルを確立していたと考えられる。そして、奈良時代を通じて発展を続けたが、未《いま》だ教理的な根拠を確立するには至らなかった。

しかし、平安時代のはじめに弘法大師空海が体系化された純密を招来すると、密教によって教理的基礎づけが行われるようになる。

密教は宇宙の本源と見なされる大日如来《だいにちにょらい》と融合することによって救われると説くが、この思想に従って、

コラム

修験道廃止令

明治になって日本は国家神道《こっかしんとう》を国是《こくぜ》とし、神道を国の宗教（国教）として近代化を推し進める方針を打ち出した。その結果、神仏習合で神と仏が渾然《こんぜん》と信仰されてきた。

維新政府は神仏分離《しんぶつぶんり》政策を強硬に推し進め、神仏判然令《はんぜんれい》という法律を施行して神仏の引き離しに専念した。そのため、神社にあった多宝塔《たほうとう》や薬師堂のような仏教の施設はすべて撤去された。そして、明治５年（1872）に修験道廃止令を出して、神仏習合の典型的な所産だった修験道を廃止した。

このとき、先達《せんだつ》（指導者）の山伏だけで12万人以上いたというが、彼らはすべて廃業し、日本が生んだ最もユニークな文化である修験道は極めて大きな打撃を受けたのだった。

山は大日如来の浄土と位置づけられた。そして、大日如来の懐で修行することによって即身成仏《そくしんじょうぶつ》を果たすことができると考えられたのである。

真言宗・天台宗を中心として発展

若いころから熱心に山岳修行に取り組んだ空海は、唐に留学して密教の奥義《おうぎ》を授けられ、帰国後は密教思想に基づく山岳修行を各地の山に広めた。そして、その後に活躍した天台宗の慈覚大師円仁《じかくだいしえんにん》も密教に基づく山岳修行を喧伝した。その結果、時代が下ると真言宗《しんごんしゅう》と天台宗《てんだいしゅう》を中心とする修験道が盛んになり、両宗派を中心に修験教団が形成されることになるのである。

そして、室町時代の後半には京都の聖護院《しょうごいん》を本拠とする天台系の本山派《ほんざんは》と、醍醐寺《だいごじ》を中心とする真言系の当山派《とうざんは》に分かれ、両派は互いに競い合いながら全国の霊山にその勢力を広めて行った。

役小角《えんのおづぬ》が修験道の祖として大きくクローズアップされてくるのもこのころからで、各地の霊山で行われていた特色ある修験道も、役小角の伝説とともに画一化されていった。また、修験道という言葉が一般的になったのもこのころからと考えられ、白装束《しろしょうぞく》に笈《おい》を背負った山伏のスタイルも定着したと思われる。

ちなみに、山伏の白装束は死装束《しにしょうぞく》で、先に述べたように死者の霊が赴く他界に入るための正装である。そこには、一度、山で模擬的に死んで再び生き返るという「擬死回生《ぎしかいせい》」の思想があるのだ。

山中で護摩を焚く山伏

火中に護摩木《ごまぎ》を投じ、さまざまな祈願をしながら護摩を焚く山伏たち。

富士浅間信仰

古くから霊山として崇められる

富士浅間《せんげん》信仰とは、文字通り富士山に対する信仰である。古くから霊峰として仰がれていた富士山は、すでに奈良時代のはじめに成立した『万葉集』や『常陸《ひたちの》国風土記《くにふどき》』に「不尽《ふじ》」「福慈《ふじ》」などの名で登場している。

富士山に対する信仰は日本古来からの山岳信仰で、日本一の高さを誇る山頂には特に崇高な神が降臨すると考えられたのだろう。

さらに、この山に対する信仰をより強固なものにしたのは、凄《すさ》まじい噴火の威力である。記録にあるだけでも二〇回近くの噴火を繰り返した富士山は、人々に圧倒的なパワーを見せつけた。

人々はその噴火の威力に恐れを成し、早くから噴火を鎮めるために鎮火祭を行ってきた。奈良時代には朝廷もその霊威を畏《おそ》れ、富士山の神である浅間大神《せんげんのおおかみ》にたびたび位階を贈ってその鎮定に努力した。

浅間神社の創祀は坂上田村麻呂《さかのうえのたむらまろ》によると伝えられ、平安時代のはじめにはすでに浅間大神をまつる社があったと伝えられている。

登拝の歴史

古くから富士山には神仙《しんせん》（仙人）が住むといわれ、平安時代に著された『聖徳太子伝暦《しょうとくたいしでんりゃく》』には聖徳太子が甲斐国《かいのくに》から献上された黒駒《くろこま》という俊馬に乗って富士山に登ったという記述が見える。また、修験道の祖として仰がれる役行者が富士山に登ったとの話も伝えられている。

もちろん、これらの話は伝説的なもので史実ではない。しかし、すでに奈良時代の終わりから平安時代のはじめには、神聖な富士の高嶺に憧憬《どうけい》の念を抱き、なんとか頂を極めたいという思いを抱いた人がいたことは確かだ。

実際に富士山に登ったことが書物に記されているのは、平安時代末の末代上人《まつだいしょうにん》という人だ。『浅間大菩薩《せんげんだいぼさつ》縁起《えんぎ》』には、長承《ちょうしょう》元年（一一三二）四月一九日に末代上人が同志の頼然《らいぜん》という僧侶とともに富士山の登頂に成功したと記述されている。このとき、山頂で過去に登頂した金時《きんとき》上人らの遺品を発見した。すでに末代上人以前に登頂した人がいたのである。

その後、末代上人は四度目の富士山登頂のとき、金時上人らの遺品の仏具と不動明王を刻んだ鏡を山頂に納めたという。

また、平安時代末に編纂された『本朝世紀《ほんちょうせいき》』という歴史書によると、久安《きゅうあん》五年（一一四九）四月一六日に末代上人が富士山頂に大日寺を建立したという。その後も末代上人は富士登拝《とはい》を繰り返し、数百度、登ったといわれている。

その後、鎌倉時代に末代上人の系統をひいた頼尊《らいそん》という修験者が、たびたび登拝し、末代上人が拠点を開いた村山の地に興法寺《こうぼうじ》を開き、文保《ぶんぽう》年間（一三一七〜一九）に富士山の修験道である「富士行《ふじぎょう》」を創始した。これによって富士登拝は広く門戸が開かれ、信者を獲得することになった。

『浅間大菩薩縁起』

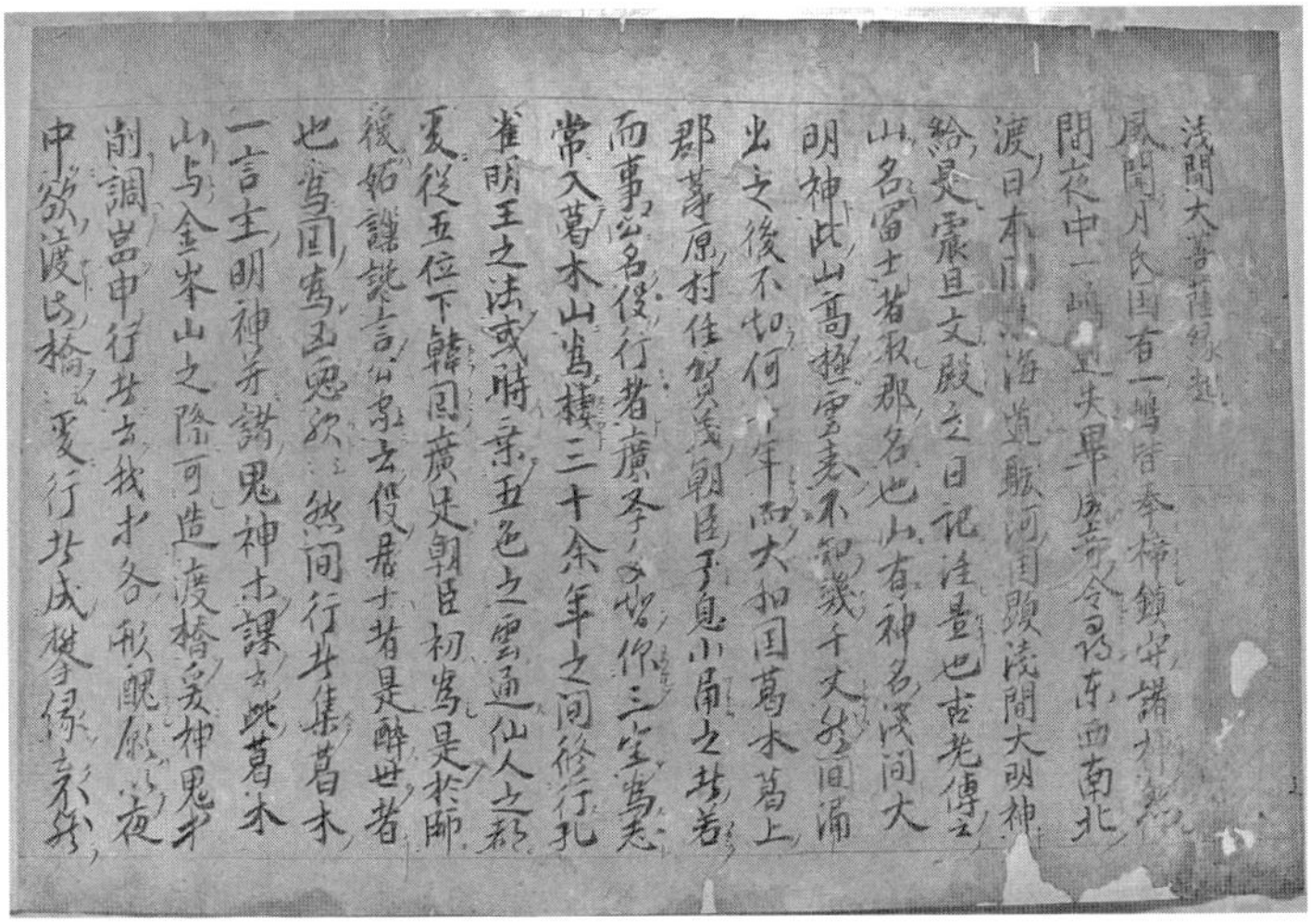

末代上人の富士山登頂の様子が記されている。

富士登拝の先駆者・末代上人

末代上人の生い立ち

末代上人《まつだいしょうにん》（一一〇三〜?）は駿河国《するがのくに》（静岡県）の生まれで、平安時代の末にはじめて富士山の登頂に成功した、富士登拝のパイオニアとして知られている。『浅間大菩薩縁起《せんげんだいぼさつえんぎ》』によると、幼いころから走湯山《そうとうさん》（現在、熱海市にある伊豆山《いずさん》神社）に入り、各地の霊山を巡って修行を重ねた。その後、実相寺《じっそうじ》（富士市）の智印《ちいん》に師事して山岳修行の行者となって富士山登頂に成功した。

　山岳修行者として末代上人の名は広く知られるようになり、鳥羽上皇《とばじょうこう》も上人に深く帰依《きえ》した。鳥羽上皇は熊野にたびたび参詣したことで知られ、信仰心の篤《あつ》い人だった。その上皇が末代上人を当代一流の山岳修行者として帰依したのである。

　末代上人は上皇の命で富士山頂に経典を書写して埋納したという。昭和五年（一九三〇）、山頂付近から大量の埋経が発見されたが、その中に「末代聖人《しょうにん》」と書かれた経典の一部が見つかっている。

末代上人

富士信仰に深く関わる修行僧として名高い末代上人。

末法の世の到来と富士登拝

　平安時代の末になると、末法《まっぽう》の世が到来すると信じられていた。末法の世とは仏教が廃《すた》れて世の中が大いに乱れる闇黒《あんこく》の時代で、その時代に経典が散逸することを恐れ、経筒《きょうづつ》という入れ物に書写した経典を入れて地中に埋め、記念の塔（経塚《きょうづか》）を建てるということが盛んに行われた。

遠い未来（五六億七〇〇〇年後）に弥勒菩薩《みろくぼさつ》が現れるまで経典を保管しておこうという切なる願いだった。日本一の高さを誇る霊峰への埋経は無上の功徳《くどく》があると考えられたのだろう。

また、富士山五合目の森林限界近くに末代上人が富士登拝のベースキャンプにしていた場所に滝本往生寺《たきもとおうじょうじ》が建立された。ここは末代上人が浅間大菩薩の夢告により、不動明王をまつったところで、「岩屋不動《いわやふどう》」として修験者のあいだで盛んに信仰されたという。先にもあげた『浅間大菩薩縁起』はこの滝本往生寺に伝えられていたものである。

平安時代に著された『地蔵菩薩霊験記《じぞうぼさつれいげんき》』という書によると、末代上人は無双《むそう》（並ぶものがない）の聖仙《せいせん》で、つねに富士山を崇め、麓《ふもと》の村山の里に伽藍《がらん》を建て、その後、即身成仏して大棟梁権現《だいとうりょうごんげん》と号する富士山の守護神となったと記されている。

末代上人は村山の興法寺の基礎を作り、修行の拠点を整備した。後に富士修験の中核を成した村山修験の基を作ったことから「富士上人《しょうにん》」と呼ばれて人々から崇められた。

コラム

権現とは?

「権」は「仮の」という意味。「現」は文字通り、現れるという意味である。権現は神仏習合の結果、生まれたもので、本地垂迹《ほんちすいじゃく》という思想に基づく。

この思想は日本の神はインドの仏、菩薩が現した仮の姿であるというものだ。平安時代の中ごろに成立し、その後、明治の神仏分離まで、信仰の中核をなした思想だ。仏教とともに伝来した仏、菩薩は、当時の日本人にとっては新たにインドから来た神であり、まだ親しみが薄かった。そこで、古くから馴染みの深い八百万《やおよろず》の神の姿で現れて、人々の願いを聞き届け、それを仏、菩薩などに報告すると考えられたのだ。

日本の神はいわばインドの仏、菩薩の名代のような存在で、本当に人々を救済してくれるのは仏、菩薩ということだ。

富士修験の歴史

富士修験の中核をなした村山修験

富士修験とは、文字通り富士山を中心とする修験道で、富士上人と呼ばれた末代上人がその基礎を作ったといわれている。

平安時代の末に成立した『地蔵菩薩霊験記』には「（末代上人が）麓ノ里村山ト白《もう》ス所ニ地ヲシメ……」とあり、上人が村山を修行の拠点にしたことが記されている。

鎌倉時代の文保年間（一三一七〜一九）に、修験者である頼尊《らいそん》が、末代上人が基を作った村山の地に「富士根本宮《こんぽんぐう》」と称する浅間社を建立し、大棟梁権現《だいとうりょうごんげん》を鎮守とした。このとき、寺号を興法寺としたという。

頼尊はこの地で「富士行《ふじぎょう》」という独特の修行法を創始し、一般の人々にも富士登拝を勧めて多くの信者を獲得した。その後、頼尊の後継者たちによって勢力を拡大し、室町時代には「村山修験」と呼ばれ、富士修験の中核を成した。また、今も村山浅間神社の境内には水垢離場《みずごりば》や護摩壇《ごまだん》が残っている（55ページを参照）。村山修験の行者はここで富士登拝の前に水垢離（水を浴びて身心を清めることで、神道では禊《みそぎ》という）を行った後に不動明王に安全祈願をした。

さらに、村山修験は富士講の信徒に、「富士垢離《ふじごり》」という行法を勧めた。これは富士山麓の水辺で水垢離をす

村山浅間神社の水垢離場

底に石を敷きつめ、まわりを石積みで囲っている。

れば、富士登拝と同等の功徳《くどく》があるというもので、富士講徒の間で歓迎された。

文明一四年（一四八二）、村山修験も聖護院の傘下に入ることになった。

室町時代後半に聖護院門跡《もんぜき》の道興《どうこう》が著した『廻国雑記《かいこくざっき》』に文明一八年（一四八六）に道興が村山の地を訪れた記述があり（62ページを参照）、これが村山修験と聖護院の関係を著す最初の資料である。道興の訪問を機に、村山修験は聖護院の傘下になった。

富士修験の衰退

村山修験の中心となったのは「村山三坊」と呼ばれる辻之坊《つじのぼう》、池西坊《ちせいぼう》、大鏡坊《だいきょうぼう》の三院があり、それぞれ浅間神社、大日堂《だいにちどう》、大棟梁権現の別当寺《べっとうじ》（寺社を統括的に管理する寺）として大きな勢力を持った。

しかし、明治の神仏分離《しんぶつぶんり》で富士修験は壊滅的な打撃を受けた。このとき、村山三坊はことごとく廃寺となり、浅間神社だけが残った。これが現在の村山浅間神社である。戦後になって聖護院が村山修験の復活に尽力し、今も毎年、七月一日の富士山の開山祭のときには聖護院の修験者が村山浅間神社の境内で護摩を焚《た》いて安全祈願を行う。

コラム

今川氏の保護を受けた村山修験

駿河国（静岡県）の領主、今川《いまがわ》氏は早くから富士山麓一帯を統括し、その支配権を顕示していた。その一環として富士信仰の中核を成した興法寺を中心とする村山修験にも保護を与える一方で、その管理、統制に努めた。

とりわけ、今川義元《よしもと》の時代には介入を強め、村山三坊に対して掟《おきて》を定め、富士登拝を行う修験者の取り締まりを行っている。勢力の伸長を図る戦国大名にとって、広大な荘園を有し、多くの僧兵を抱える寺社勢力を封じ込めることが緊急の課題となったのである。

織田信長が意向に背いた比叡山を焼き討ちしたことは有名であるが、今川氏が村山修験の掌握に努めたことにもそんな時代背景があったのだ。しかし、今川氏の保護によって村山修験を中心とする富士修験が発展したことも事実である。

富士講の歴史

講とは?

「講《こう》」とは信仰の結社のことで、富士講の他にも伊勢神宮の参拝を目的とした「伊勢講」や熊野三山《さんざん》を中心とする「熊野講」などをはじめ多くの講がある。

もともと、講は翌年に播《ま》く種籾《たねもみ》をムラが共同で管理するシステムに起源を持つ。種籾を個人の管理に任せておくと、飢饉《ききん》などのとき、つい食べてしまい、翌年になって耕作ができなくなる。そんな事態になることを防ぐために共同で管理したのだ。

室町時代になって総体的に農村部が豊かになり、寺社巡りが盛んになると、講は信仰の結社へと変化していった。また、この時期に貨幣経済が発達すると、講の人々は定期的に資金を拠出し、貯まった資金を利用して順番で寺社巡りをするようになった。

そして、室町時代の末から江戸時代になると、江戸や大坂の都市部でも講が組織されるようになった。とりわけ、富士信仰を支えた富士講は江戸を中心に盛んになり、「八百八講《はっぴゃくやこう》」といわれるほど多くの講が町ごとに組織されたのである。

富士講

前述したように、富士山を中心とする講はすでに室町時代から組織され、講の人々が先達《せんだつ》に率いられて富士登拝する風習が盛んになった。富士登拝の光景は室町時代に製作された「富士参詣曼陀羅図《ふじさんけいまんだらず》」などに描かれている（120ページを参照）。

そして、富士講の開祖と仰がれる長谷川角行《はせがわかくぎょう》の登場によって、富士講は隆盛期を迎え、多くの富士講徒が角行に率いられて富士登拝をするようになった（87ページを参照）。

さらに、江戸時代の享保年間（一七一六〜三六）に二人の偉大な行者の登場によって富士講は絶頂期を迎えることになる。

一人は角行直系の第六世、村上光清《むらかみこうせい》だ。彼は大規模な布教活動を行って多くの信者を獲得し、その系統は「村上派」と呼ばれて富士講の一大勢力となった。

もう一人は食行身禄《じきぎょうみろく》である。食行は万民救済を訴えて最後は富士山頂付近の烏帽子岩の岩窟で入定した（72ページを参照）。身禄の死後、弟子たちが講を組織してその教えを広めた。富士講は角行を開祖、身禄を講祖《こうそ》とする。

富士登拝を目的とした富士講は化政期《かせいき》（一八〇四～三〇。文化・文政の時代）には江戸を中心に爆発的な発展を遂げた。明治の神仏分離で富士講ばかりでなく、各地の講は大きな打撃を受け、その大半が解散を余儀なくされた。

富士講の組織

富士講は先達、講元《こうもと》、世話人《せわにん》の三役を指導者とし、彼らの指導のもとに講員が富士登拝などを実践した。

また、講徒たちは角行が浅間大神から啓示を受けた言葉を書き留めたという「御身抜《おみぬき》」という独特な書体で書かれた軸を礼拝し、また、「フセギ」という守札を配って病気や災難を逃れようとした。

最初に作られた講を「元講《もとこう》」というが、その元講の

コラム

江戸時代に最盛期を迎えた講

講はもちろん信仰の結社であるが、江戸時代になると講での寺社巡りはレクリエーションの意味合いが強くなってきた。江戸時代は幕府が統制を強め、旅をすることもままならなかった。

しかし、定石通り「アメ（飴）とムチ」の政策を敷いた幕府は、寺社巡りには寛容な態度を取り、通行手形も比較的、容易に発行された。これは庶民にとっては貴重なアメとなったことはいうまでもない。その結果、江戸時代には「蟻の熊野詣（蟻の行列のように熊野に向かった）」といわれるような空前の寺社巡りブームになったのである。そんなブームに乗って、寺社巡りの母胎である講も空前の発展を遂げ、富士講も頂点に達した。

講員などが独立して新たな講を立ち上げることがしばしば行われた。これは暖簾《のれん》分《わ》けのようなもので、元講から独立した新たな講は「枝講《えだこう》」と呼ばれる。したがって、一つの元講から多くの枝講ができ、「八百八講」といわれるほど多くの講が誕生するようになったのである。また、各講は「講紋《こうもん》（講の紋所）」を定めていて、白装束の行衣《ぎょうえ》に書いたり、講が配るお札やお守りに押印したりしていた。枝講は元講の講紋を使うことが許された。

同じ元講から出て、同じ講紋を使う枝講同士はいわば親戚関係で、講紋を同じくすることなどから同族意識もあり、互いの交流もあり、合同で祭事などを営むこともあった。さらには元講が異なる枝講同士の交流もあった。彼らはいわば親睦会のようなものを開いたり、災害のときなどには互いに協力し合ったりしていたようだ。元講の異なる枝講同士の出会いのきっかけはさまざまだろうが、同じ富士信仰の元に交流が進んだことは間違いない。

そして、江戸を中心に富士講の間で盛んになったのが富士塚《ふじづか》の造営である。富士塚とは神社の境内などに築かれた数メートルから高いものでも十数メートルの富士山のミニチュアだ（42ページを参照）。

富士塚は富士山に登ることができない女性（かつては女人禁制《にょにんきんせい》だった）やお年寄りが富士登拝の模擬体験をするために考案されたものである。

このような富士塚は各地の富士講の人々によって築造され、富士信仰の発展に大きく貢献したのである。そして、富士塚の築造には枝講同士の協力が必要な場合も多く、協力して富士塚を作り上げたという一体感がさらに富士講同士のつながりを強固なものにし、富士講のさらなる発展につながったのである。

富士講の石碑

富士浅間神社にある富士講の記念碑。

富士塚

富士塚とは

すでに述べたように、江戸時代に富士信仰は頂点に達した。このような発展の原動力となったのが江戸の町人で、彼らは講を作って富士登拝をしたり、定期的に講の寄り合いを開いたりして信仰を深めた。

そして、その中心となったシンボル的存在が富士塚で、「お富士さん」などと呼ばれて親しまれてきた。

富士塚は世界遺産の構成資産にはなっていないが、富士信仰の発展に大きな影響を与えた重要な遺産である。

最初に富士塚が作られたのは東京の早稲田大学のあたり。食行身禄の直弟子で船津胎内を発見した、高田《たかだ》藤四郎《とうしろう》が総指揮をとって安永《あんえい》九年（一七八〇）に完成したもので、「高田富士」と呼ばれていた。この高田富士が最古の富士塚だが、昭和三八年に早稲田大学のキャンパス拡張に伴って、近くの水稲荷《みずいなり》神社の境内にごく一部が移転された。

前章でも述べたが、富士塚は富士山のミニチュアで、江戸時代には二〇〇基を超える富士塚が作られたといい、現在でも東京を中心に一〇〇基近くの富士塚が残っている。

富士塚は神社の境内などの平坦地に築かれたものと、丘の斜面や古くからあった古墳などを利用したものに分けられる。東京の品川神社にある品川富士は国道一号線沿いに続く丘の斜面に作られた富士塚だ。

富士塚の表面には「黒《くろ》ボク」と呼ばれる富士山の溶岩を積み上げているが、この溶岩は富士登拝をした講徒たちがはるばる持ち帰ったものだ。塚の高さは二、三メートルから一〇メートルぐらいで、現存するものでいちばん高いのは、東京西多摩郡瑞穂町の浅間神社内にある駒形富士山で、二一メートルもある。

東京都中央区にある鐵砲洲稲荷神社の富士塚（47ページを参照）。

富士塚は富士講の人々が資金を出し合い、自分たちの手で溶岩や土台となる土石を運び、力を合わせて作られた。富士塚の築造に伴って講の結束はますます固くなったのである。

また、ある講の富士塚の築造に際して、近隣の講が手伝うこともあっただろう。そうなると、講の横のつながりも深まり、それがますます富士信仰を盛んにしたのである。

富士塚築造の目的と富士塚の構造

先にも述べたように、富士塚は富士山のミニチュアである。築造の目的はいくつかあるが、まず、普段から崇敬して止まない神聖な富士山を近くに据えて、手軽にその御利益に与《あずか》るようにしたのだろう。

また、富士山に登拝できないお年寄りや女性のために富士登拝を疑似体験できるようにしようとしたことも大きな目的である。

富士塚にはジグザグの登拝道があり、一合目から九合目まで「合目石」が置かれており、頂上には浅間神社がまつられる。

毎年、七月一日（江戸時代までは旧暦）の山開きには「開山祭」を行い、白装束に金剛杖を持った講徒が揃って「六根清浄《ろっこんしょうじょう》」（75ページを参照）と称えながら富士塚に登る風習があった。そして、夏の終わりには閉山式を行い、閉山期間中は入山できない。今もこのような富士登拝を行っているところもある。

また、富士塚には富士山とその山麓にある信仰施設が備えられている。まず、山麓に鳥居があり、その右手に「お胎内《たいない》」が設けられている。合目石の七合目と八合目の中間あたりに烏帽子岩《えぼしいわ》がある。この岩は食行身禄がその下で入定したといわれているものだ（72ページを参照）。五合目付近には「小御嶽《こみたけ》」、頂上には奥《おく》宮《みや》をまつる社がある。

ほとんどの富士塚の社は小さな石の祠《ほこら》だが、先に挙げた品川富士は頂上直下に小振りだが社殿を設けている。これらの信仰施設は富士登拝を疑似体験するためには必須のものと考えられたのである。

また、かつては登ると富士山を望むことのできる富士塚が多く、富士登拝の疑似体験をするとともに、遥拝所にもなっていた。しかし、今は都市部ではビルの高層化が進み、富士塚に登っても富士山を望むことはできない富士塚がほとんどだ。

コラム

人力で運ばれた黒ボク

品川富士のように自然の斜面を利用して作られた富士塚もあるが、ほとんどは築山を築き、そこに富士山から運んできた黒ボクを組み上げて完成したものだ。黒ボクは富士山頂から山麓に見られる火山弾などの溶岩で、直径30センチから50センチぐらいの大きさのものを、富士講の人たちが一つずつ持ち帰ったものである。今なら世界遺産の富士山から溶岩を持ち帰るなどということは許されない。しかし、今も各地の富士塚に存在する黒ボクはかつての富士信仰の状況を活き活きと伝える貴重な文化遺産だ。富士講徒は黒ボクを一つずつ菰《こも》や風呂敷などに入れて担いだり、あるいはたくさんの黒ボクを大八車などに載せたりしてはるばる運んできた。それを一つずつ築山に固定し、自分たちの講中の富士塚が完成したときの喜びと感動は想像を絶するものがあったに違いない。

七富士巡り

「七富士巡り」とは

「七富士巡り」とは文字通り、七つの富士塚を巡ることで、「七浅間詣」「七富士廻り」などともいわれる。毎年、七月一日（旧暦六月一日）の富士山の山開きの日に富士講の人々が先達に率いられて、比較的、近くにある富士塚を巡る行事で、今も行っているところもある。

江戸時代後半になって江戸を中心に七福神巡りが盛んになった。これに影響を受けて、富士山の山開きの日に七か所の富士塚を巡ることが恒例化したのだろう。

三十三観音霊場巡りや四国八十八か所巡りなど、日本人はいくつもの聖地を巡礼する信仰形態を歓迎する。七富士巡りもそんな日本人の信仰心にマッチしたものだったのだ。

同じ江戸でも地域によって、さまざまな七富士巡りのルートがあったと考えられる。半日か一日で巡ることができる富士塚を選んで七富士巡りのルートとしたのだろう。

また、近年、東京を中心に七福神巡りが盛んになってきた。それに伴って「七富士巡り」をする人たちも増加の一途をたどっているようだ。これには文化遺産の登録を巡って富士山が注目を集めていたことも一役を担っていた。

七富士巡りのコース

現在も「府内七富士巡り」として古くから巡られているルートがある。北品川の品川神社を出発して、千駄ヶ谷の鳩森八幡《はとのもりはちまん》神社にある千駄ヶ谷富士、台東区の小野照崎《おのてるさき》神社の下谷坂本《したやさかもと》富士、練馬区小竹町の茅原《かやはら》浅間神社にある江古田《えごた》富士、北区十条の富士神社にある

富士講の参拝の様子

講員たちが白装束で参拝する。

十条富士、文京区音羽《おとわ》の護国寺内にある音羽富士、豊島区の富士浅間神社にある長崎富士の七か所を巡るコースだ。

このうち、小野照崎神社には今も宮本講という富士講があり、毎年、七月一日の富士山の開山祭に合わせて、白装束の講員が念仏を称えながら下谷坂本富士に登って富士山を遥拝《ようはい》（遠くから望むこと）する（ただし、今は富士山を望むことはできない）。

その後、近場の富士塚を巡拝する風習を継承している。また、護国寺の音羽富士を出発して、池袋氷川神社の池袋富士、豊島区の長崎富士、練馬区の北町浅間神社にある下練馬富士、練馬の江古田富士、新宿区の月見岡八幡社の上落合富士、西早稲田の高田富士を巡る「七富士西廻り」というルートもあった。

港北七富士巡り

横浜市の北に位置する港北区のあたりには江戸時代の末から七富士巡りの富士塚があった。

宅地開発などにより、今では三か所しか残っていないが、最近では「港北七富士廻り」と称して訪れる人も多い。

この富士塚は平坦地に人工的に築いたものではなく、もともとあった丘や小山を利用したものである。だから、都内にある富士塚とは違って高さが高く、眺望が効くのが特徴である。

港北七富士巡りの富士塚の中で最も古いのが山田富士で、高さは四六メートルもある。この富士塚は江戸時代の文政《ぶんせい》一一年（一八二八）に刊行された『新編武蔵風土記稿』に記載されている。

頂上の中心は釜（火口）を掘ってあり、小さなお鉢巡りができるようになっている。また、五合目付近をぐるりと巡るお中道巡りの小路も整備されている。山全体が禿山《はげやま》で頂上に立つと周囲を一望でき、もちろん富士山も遥拝することができる。

次に池辺《いこのべ》富士は高さ五五メートル。見晴らしの良い畑の中にあり、南側にある鳥居が登山口だ。ここも山頂からの眺望は良いが、近年はマンションなどの高いビルで一部視界が遮られている。山頂から緩やかな女坂が山肌を取り巻いている。

最後に川和富士は幕末に作られたというもので、高さは七四メートル。山頂は西に眺望が開け、富士山はもちろん、丹沢山系や南アルプスなどを一望することができる。

江戸時代の富士巡りのルート

『富士山遥拝所道之記』という江戸時代に出された木版刷の図には、七か所ではなく一二か所の富士塚を巡る次のようなルートが示されている。

一番・芝しんせん座

東京都港区の芝増上寺近く。柴新銭座と表記される。かつてこの場所で数年間ではあるが貨幣を製造していたことからこの名がある。ここにはもともと富士塚はない。

二番・しな川富士

先にも紹介した通り、品川区北品川の品川神社の境内にある傾斜地を利用した富士塚。

三番・めぐろ富士

目黒区中目黒の目黒新富士。今は富士塚はない。

四番・せんだがや

渋谷区千駄ヶ谷の鳩森八幡神社にある千駄ヶ谷富士

で、最も信仰施設が整備された富士塚である。

五番・おおくぼ

新宿の西向天神社にある東大久保富士。

六番・おちあい

新宿区上落合の月見岡八幡神社にある上落合富士。

七番・たかだ

新宿区西早稲田の水稲荷神社にある高田富士。この富士塚は先にも紹介した富士塚の創始者、高田藤四郎が総指揮をとって築いた富士塚を復元したものだ。

八番・はくさん

文京区白山の白山神社の境内にある白山富士。

九番・こまごめ

文京区の駒込富士神社にある駒込富士。

十番・あさくさ

浅草の浅草富士浅間神社にある浅草富士。

十一・ふか川

江東区の富岡八幡宮にある深川富士。

十二・てつぽうづ

中央区の鐵砲洲稲荷神社にある鐵砲洲富士。

柴新銭座を出発して上記の順番で、再び柴新銭座に戻ってくるのであるが、その行程は約五五キロメートルに及び、各富士塚での参拝の時間も加味すれば、とうてい一日で回れる距離ではない。何日かに分けて巡ったのかもしれない。

以上、一二か所のうち、柴新銭座にはもともと富士塚はなかった。目黒新富士は昭和三〇年代に道路拡張に伴って撤去され、高田富士も復元。あとの九基の富士塚は戦災も潜り抜けて現存している。

千駄ヶ谷富士

鳩森八幡神社の富士塚は寛政元年（1789）の築造といわれている。

富士山形盆石

江戸時代に流行

盆石《ぼんせき》とは黒い盆の上に自然石を置き、その回りに白砂や草花などを配して、ミニチュアの自然の景観を楽しむ一種の芸術である。

盆石のルーツは中国にあり、鎌倉時代ごろ日本に伝えられたというが、さほどの流行はしなかった。それが江戸時代の後半になって盆栽などとともに流行するようになった。

江戸は百万人もの人口があり、特に狭い所に住んでいた町人（庶民）の間ではミニチュア思考が強まった。それが富士信仰と結びついて富士山形の石を中心に景観を整えた盆石が流行したのだ。

幕府の御用絵師で富士山の絵も描いている狩野探幽《かのうたんゆう》（一六〇二〜一六七四）が富士山に酷似した盆石を持っていて、これを横にしたり、縦にしたり、裏返したりして富士山の絵を描いていたと伝えられている。江戸時代の前期には文人墨客《ぶんじんぼっかく》を中心に富士山形の盆石が流行し、それがしだいに庶民の間に広まっていったのだろう。

盆石で富士山を楽しむ人々

江戸の町民たちは、盆の上に富士山に見立てた石を置き、景観を味わった。

北斎も描いた盆石

『富嶽三十六景』を描いた葛飾北斎《かつしかほくさい》（一七六〇〜一八四九）も盆石の景観を作っている若い女性を描いている。

江戸時代の後半になると江戸の町には空前の盆石ブームが訪れ、どこの家でも盆石があり、これを愛でて楽しんでいたのだろう。

また、もう一つの北斎の作品には脚のついた盆に富士山形の石を据えて景観を整えた盆石が描かれ、その前に松の盆栽と鉢植えの福寿草、さらにその前には扇を広げて据えてある。

福寿草は早春に咲く花で、旧暦正月（新暦の二月のはじめ）ごろには少し早い。しかし、室内に取り込んでおけばちょうど正月に花を咲かせることができたのだろう。

家々では正月に富士山形の石を据えた盆石を作り、そこに松や福寿草、扇といった縁起物を並べることによって、初春を祝ったのだろう。

今はあまり聞かなくなったが、昔から初夢について「一富士、二鷹、三なすび」といわれる。つまり、いちばん縁起の良いのが富士山の初夢。次に、鷹、なすびと続く。

ここでもやはり富士山が縁起の良いものの筆頭に挙げられているのだ。

コラム

一富士、二鷹、三なすび

本文でも述べたが、初夢に見ると縁起の良いものの順番をあらわした一種の諺《ことわざ》だ。初夢は元日から二日にかけて、あるいは二日から三日にかけて見る夢とされ、初夢に何を見るかで縁起を担いだ。

この諺ができたのは江戸時代のことで、川柳に「駒込は一富士二鷹三茄子」と詠まれている。駒込は東京の駒込で、ここに駒込富士神社があり、その境内に駒込富士という富士塚があった。そして江戸で最も古い富士講があった場所だ。さらに駒込富士神社の近くに鷹匠屋敷があり、駒込茄子《なす》という茄子のブランド品があった。

コラム

富士山に登った外国人

安政《あんせい》5年（1858）、日米修好通商条約が締結されると、二百数十年に及ぶ鎖国が解け、外国人が続々と日本にやってくるようになった。

最初に富士山に登頂した外国人は、初代英国公使として着任したラザフォード・オールコックだった。彼は富士山に登りたいと伝えると、幕府はこれに大反対した。しかし、この反対を押し切ってオールコックは富士登山に挑戦し、外国人としてはじめて登頂した。万延《まんえん》元年（1860）7月19日のことで、この年の3月に桜田門外の変があったことから、9人からなるオールコック一行に100人の護衛が付くという物々しさの中での登頂だったという。

登頂の翌年の5月、東京高輪の東漸寺にあったオールコックの住まいが攘夷派の水戸浪士たちによって襲撃された。攘夷派は外国人が霊峰富士を穢《けが》したととらえたのだ。

修好条約によって身分が保証され、日本国内の自由な移動を認められていても、当時、外国人が富士山に登ることはまさに命懸けだったのである。当時の日本人にとって富士山は「日本人の信仰の山」という認識が強かったのだろう。

そして、オールコックの外国人初登頂から7年後の慶応3年（1867)、大政奉還が行われた年にはハリー・パークという英国人女性が登頂している。未だ女人禁制の時代、彼女が外国人女性の富士山初登頂だ。

それから10年後の明治10年（1877）に登ったのが、英国の外交官として来日していたアーネスト・サトウだ。文久2年（1862）に来日したサトウは慶応3年の大政奉還の年に大阪から江戸に向かう途中、富士山を眺めて感動し、登頂の機会を窺っていたという。彼は須山口から登って八合目の小屋で一泊したのち、剣ヶ峰に立って御来光を拝み、お鉢巡りも行って無事、下山したという。

次に富士山の名を世界に知らしめたのがアメリカの人類学者フレデリック・スタールだ。彼は明治37年（1904）に来日して以来、大正から昭和のはじめにかけて都合16回も来日したほどの親日家で、東北から九州まで日本各地を精力的に巡って各地の文化を研究した。

スタールは5回富士山に登り、『富士山（日本の聖なる山)』という名著を残している。本書によって富士山は世界に広く知られるようになった。

◎第三章◎

浅間神社

富士山本宮浅間大社（世界文化遺産）

朝廷や武将が手厚く保護

大社に伝わる縁起によれば、第七代孝霊《こうれい》天皇の時代に富士山が鳴動し、恐れ慄《おのの》いた人々は逃げ惑《まど》い、国中が混乱した。その混乱が長く続き、国が荒廃したので、第一一代垂仁《すいにん》天皇の時代に浅間大神をまつり、山を鎮めた。これが富士山本宮浅間大社《ふじさんほんぐうせんげんたいしゃ》の起源であるという。

また、江戸時代に書かれた『富士本宮浅間社記』によれば、第一二代景行《けいこう》天皇の皇子の日本武尊《やまとたけるのみこと》が駿河国で土地の賊に襲われ、野火を放たれて絶体絶命の危機に陥った。そのとき、日本武尊は一心に浅間大神《あさまのおおかみ》に祈ったところ、九死に一生を得て、賊を平定したという。その後、日本武尊は神恩に感謝して浅間大神を今の山《さん》宮《ぐう》浅間神社のところにまつった。

さらに同書には大同《だいどう》元年（八〇六）、平城《へいぜい》天皇の勅命を受けた坂上田村麻呂《さかのうえのたむらまろ》が、現在の富士山本宮浅間大社の地に壮麗な社殿を造営し、日本武尊がまつった山宮浅間神社から神霊を遷座した。

以降、朝廷から厚く崇敬され、平安時代中期に編纂された法令書『延喜式《えんぎしき》』には最高位の社格である名神《みょうじん》大社と定められ、平安時代後半には駿河《するが》国一宮《こくいちのみや》として信仰を集めた。

富士山の表玄関となる

江戸時代になって庶民のあいだで富士信仰が盛んになると、富士講の信徒たちの参拝で賑わった。このころから境内にある富士山の伏流水がコンコンと湧き出す湧玉池《わくたまいけ》は「おつぼ」と呼ばれるようになり、登拝前の禊《みそぎ》（水で身を清めること）の場所となった。

もともと富士山の神である浅間大神をまつっていたが、江戸時代ごろから『古事記』『日本書紀』の神話に登場する木花開耶姫命《このはなのさくやひめのみこと》が祭神とされるようになった。神話の中で木花開耶姫命が火中で出産したといわれることから、火山との関連でこの神が祭神とされるようになったものと考えられる。また、「木花」は桜の古名といわれ、木花開耶姫命は絶世の美女といわれていることから、富士山の山容の美しさと重ねて、この神が祭神とされるようになったとも考えられる。

家康が寄進した本殿は二階に神座《かみざ》を設けた浅間造という特異な造りになっている。富士山の高さになぞらえて二階建てにしたのだろう。

江戸時代以降は富士山の表玄関と位置付けられ、各地に点在する浅間神社の総本社である。また、平安時代の後半には駿河国の国府《こくふ》（行政の中心）に勧請《かんじょう》され（静岡浅間神社）、こちらを新宮と呼んだことから、当社は本宮《ほんぐう》と呼ばれるようになった。

富士山本宮浅間大社

社殿は慶長9年（1604）に徳川家康が造営した。

コラム

八合目から上の所有権を巡る裁判

本文でも述べたように、徳川家康は関ヶ原の戦いに勝利したことを富士山本宮浅間大社の加護と考え、感謝の意を込めて富士山の八合目以上の土地を大社に与え、その後は戦前まで八合目以上は大社の土地として、山頂の奥宮とともに浅間大社が所有、管理してきた。

ところが、第二次大戦後、国と浅間大社の間で争いが起こり、その所有権を巡って裁判となった。裁判は最高裁まで持ち込まれ、昭和49年（1974）に山頂付近の土地は古来、富士山信仰の中心だったことから、浅間神社の中核をなす富士山本宮浅間大社の境内地であるという判決が下された。

北口本宮冨士浅間神社（世界文化遺産）

山梨県側の浅間神社の中心

社伝によれば、日本武尊が東征の折、当地で富士山を遥拝（遠くから望むこと）したのが起源とされている。延暦七年（七八八）、甲斐守紀豊庭《かいのかみきのとよひろ》が現在地に社殿を造営したと伝えられている。

古くからこの地の森林は「諏訪《すわ》の杜《もり》」と呼ばれており、もともとは諏訪神社が鎮座していたが、ある時期に浅間大神を勧請《かんじょう》して浅間神社と呼ばれるようになったと考えられる。

室町時代末の文明一二年（一四八〇）には高さ五丈八尺（約一七・五メートル）の大鳥居が建てられた。この鳥居は御神体である富士山を遥拝するために建立されたものだ。

そして、永禄四年（一五六一）に武田信玄が戦勝を祈願して社殿を造営し、同時に諏訪の杜の木の伐採を禁じた。江戸時代になると富士講の隆盛に伴い、山梨県側の中心的な登拝口である吉田口にあることから、篤く信仰されるようになった。

元和《げんな》元年（一六一五）、現在の本殿が建立されたとき、そこにあった文禄三年（一五九四）建立の本殿は西に移築されて西宮本殿となった。そして、現在の西宮の場所にあった武田信玄建立の本殿は東に移築された。これが現在の東宮本殿である。このように北口本宮《きたぐちほんぐう》冨士浅間神社の境内には三棟の本殿があるのだ。

江戸時代の中期にかけて一時、荒廃したが、後半には富士講の隆盛に伴って多くの参拝者が集まるようになった。これを受けて享保一五年（一七三〇）、富士講の指導者、村上光清《むらかみこうせい》が私財を投じて社殿を修復し、現在の景観が整った。

八月二六日、二七日に例大祭として行われる鎮火大祭は「吉田の火祭り」として知られている。

村山浅間神社（世界文化遺産）

村山修験の中心地

鎌倉時代、この地に末代上人《まつだいしょうにん》を仰ぐ修行者たちが寺院を創建したのがはじまりと考えられている。

文保年間（一三一七〜一三一九）、富士行の祖とされる頼尊《らいそん》が興法寺《こうぼうじ》を建立し、大日堂、村山浅間神社、大棟梁権現社を開いた。以降、村山修験の中心として栄えた。

室町時代の文明一八年（一四八六）には京都聖護院《しょうごいん》の門跡《もんぜき》、道興《どうこう》が来訪し、以降、聖護院の傘下になったと考えられている。

その後は駿河の今川氏が深く崇敬したのをはじめ、豊臣秀吉や徳川幕府が神領を寄進するなどして保護した。また、近世には村山修験の本拠地として、多くの修験者が集まり、富士登拝の拠点として多くの人が参集した。

しかし、明治初年に神仏判然令が施行され、同五年（一八七二）に修験道廃止令が出されると、興法寺を拠点としていた修験者（山伏）は還俗《げんぞく》させられ、興法寺の中心だった大日堂と浅間神社は分離され、大棟梁権現は廃止され、場所を移して高嶺総鎮守としてまつられた。

修験道廃止により、村山修験は一時、衰退したが、明治の後半に聖護院の行者が富士山峰入り修行を復活させたと伝えられている。その後、戦後まで村山修験は完全に途絶えていたが、近年になって聖護院の行者が山開きのときに訪れ、境内の護摩壇《ごまだん》で採燈護摩供《さいとうごまく》を再開させた。

現在、境内には浅間神社の本殿と拝殿のほか、大日堂、水垢離場《みずごりば》、護摩壇（山開きのときなどに厄除《やくよ》けの採燈護摩、野護摩と呼ばれる護摩を焚《た》く場所）などが残り、神仏習合時代の名残を留めている。

静岡浅間神社

三社をまつる聖なる地

神社の裏手には、「しずおか」の県名の由来となったという賤機山《しずはたやま》があり、かつては国府が置かれていた。静岡浅間神社の神域はこのあたりで最も神聖な場所として古くから神霊がまつられていたものと考えられている。

静岡浅間神社には第一〇代崇神《すじん》天皇の時代に鎮座したという神部《かんべ》神社、国土開拓の神をまつる大歳御祖《おおとしみおや》神社、そして、浅間神社の三社がまつられている。

このうち、神部神社の創祀がもっとも古く、社殿の背後にある賤機山古墳が構築された六世紀ごろの創祀と考えられている。平安時代の後半には国府にあったことから、駿河国総社《そうじゃ》とされた。総社は一国の主要な神社を遷座《せんざ》してまつったもので、国府の所在地に置かれ、国司が定期的に参拝することになっていた。神部神社が総社と定められたことは、この地方でも最も重要な神社だったことが分かる。

大歳御祖神社はもともと安倍川の河畔に設けられた定期市にまつられていたと伝えられ、平安時代の末ごろに総社のある現在地に遷座したという。

静岡浅間神社

高さ25メートルの大拝殿。

浅間神社は延喜《えんぎ》年間（九〇一〜九二三）に富士山本宮浅間神社（現、富士山本宮浅間大社）から、国府のある現在地に遷座されたと伝えられている。

歴代朝廷の崇敬も篤く、鎌倉時代には将軍家の崇敬も篤かった。そして近世になると、今川、武田、織田、豊臣、徳川などの各氏が神領《しんりょう》や宝物の寄進、社殿の造営などを行って手厚く保護した。

徳川家光が荘厳な社殿を再建

徳川家康の遺訓により、三代将軍家光《いえみつ》が壮麗な社殿を建立したが、安永と天明の大火でことごとく焼失した。現在の社殿は文化元年（一八〇四）から六〇年の歳月と一〇万両の巨費を投じて再建されたものだ。大きな拝殿は浅間造(53ページを参照)になっていて、本殿には向かって左に浅間神社の祭神・木花開耶姫命を、同右に神部神社の祭神・大己貴命《おおなむちのみこと》（大国主神《おおくにぬしのかみ》の別名で国土開発、生産の神）をまつり、拝殿には両神へ通じる唐破風《からはふ》を備えた二つの門が特徴的である。

なお、当社は世界文化遺産の構成資産にはなっていないが、中世以降、富士宮の浅間大社を本宮といい、当社は新宮と呼ばれて重きを置かれ、浅間信仰の中心的存在として信仰されてきた。

コラム

徳川家康と静岡浅間神社

徳川家康は幼少時代、静岡浅間神社の北方１キロほどのところにある臨済寺《りんざいじ》で今川氏の人質として過ごした。14歳のときに当社で元服式を行った家康は、ことのほか当社を篤く崇敬していた。

さらに天正10年（1582）、三河、遠江《とおとうみ》の戦国大名になっていた家康は、賤機山に築かれていた武田氏の城塞を攻めた。このとき、当社に後略の成功を祈願した。そして、首尾よく城塞を陥れた暁には荘厳な社殿を造営することを誓ってから、社殿をことごとく焼き払った。その後、家康は賤機城の攻略に成功し、駿河国を領有してほぼ現在と同規模の社殿を造営した。

慶長12年（1607）、駿府城に移った家康は盛大な稚児《ちご》舞楽を奉納して、天下泰平・五穀豊穣を祈願した。

小室浅間神社

流鏑馬と富士山型の神輿が有名

小室浅間神社は山梨県側の富士吉田市に鎮座する神社で、古くは単に「宮」と呼ばれていたという。宮は「美家《みや》」、つまり、神の住む美麗な家を意味するといわれている。この場所は古くから富士山を望む聖地として崇められていたのだろう。

社伝によれば、延暦一二年（七九三）、征夷大将軍、坂上田村麻呂がこの地に立ち寄り、戦勝祈願をして東国平定に向かった。その後、首尾よく東国平定の偉業を成し遂げた田村麻呂が大同二年（八〇七）に社殿を建立し、祈願成就の神恩に報いたという。

時代が下るとさらに社殿が整備され、神社としての形態が整うと、北口本宮浅間神社を「上宮浅間」、当社を「下宮浅間」と並び称され、山梨県側の浅間信仰の拠点として重んじられるようになった。中世以降、上吉田、下吉田、松山の三郷の総鎮守として崇められてきたが、明治になって上吉田の氏子《うじこ》地域を北口本宮浅間神社に割譲し、以後、木花開耶姫命を主祭神として現在の「小室浅間神社」に改称された。

毎年、九月一九日に行われる例大祭では流鏑馬《やぶさめ》が奉納され、富士山型の神輿《みこし》渡御《とぎょ》が行われる。地元では流鏑馬を甲州弁で「うまっとばかし」と呼んで親しんでいる。流鏑馬の後、馬の足跡によってその年の豊凶や吉凶を占う「馬蹄占」が行われる。流鏑馬祭の後、各町内に神職を招いて馬蹄占の結果を聞いて「お日待ち・秋葉講」という神事を行う。氏子たちは神職から紙垂《かみしで》を授かり、持ち帰って火伏《ひぶせ》や災難除けを祈願する。

小室浅間神社の流鏑馬

毎年9月19日の例大祭では流鏑馬が奉納される。地元では「うまっとばかし（馬をとばす＝馬を走らせる）」とも呼ばれ、親しまれている。

郵　便　は　が　き

お手数ですが、
切手を
おはりください。

151-0051

東京都渋谷区千駄ヶ谷4-9-7

(株) 幻冬舎

「知識ゼロからの富士山入門」係行

ご住所　〒□□□-□□□□ Tel.(　　-　　-　　) Fax.(　　-　　-　　)		
お名前	ご職業	男
	生年月日　　年　月　日	女
eメールアドレス：		
購読している新聞	購読している雑誌	お好きな作家

◎本書をお買い上げいただき、誠にありがとうございました。
質問にお答えいただけたら幸いです。

◆「知識ゼロからの富士山入門」をお求めになった動機は？
① 書店で見て ② 新聞で見て ③ 雑誌で見て
④ 案内書を見て ⑤ 知人にすすめられて
⑥ プレゼントされて ⑦ その他（ ）

◆本書のご感想をお書きください。

今後、弊社のご案内をお送りしてもよろしいですか。

（ はい・いいえ ）

ご記入いただきました個人情報については、許可なく他の目的で使用することはありません。

ご協力ありがとうございました。

冨士御室浅間神社（世界文化遺産）

富士山中で最も古い神社

山宮（本宮）と里宮からなり、山宮は吉田口登拝道の二合目に、里宮は川口湖畔に鎮座している。古くは石柱で覆った石室の中で神事を行っていたことから「御室《おむろ》」の名がある。

冨士御室浅間神社

冨士御室浅間神社の里宮の拝殿。

山宮は文武《もんむ》天皇の三年（六九九）に創祀されたと伝えられ、富士山中で最古の神社とされている。里宮は天徳《てんとく》二年（九五八）、村上天皇の命により、氏子の参拝の便をはかって創建された。鎌倉時代ごろから山岳信仰の拠点として多くの行者が参集して修行に励んだ。戦国時代には武田氏の崇敬を受けて発展し、江戸時代になると富士講を中心に多くの参拝者で賑わった。

戦国時代には武田信玄が篤く崇敬し、「安産祈願文」と河口湖周辺の年代記である「勝山記《かつやまき》」を奉納したことは有名で、以降、武田氏が手厚く保護した。

現在の里宮の本殿は慶長《けいちょう》一七年（一六一二）に山宮に建立されたもの。昭和四八年（一九七三）に里宮に移築され、桃山時代の特徴を残す建造物として国の重要文化財に指定されている。

毎年四月二九日に「やぶさめ祭り」が盛大に行われる。この流鏑馬は天慶《てんぎょう》三年（九四〇）に藤原秀郷《ふじわらのひでさと》が平《たいらの》将門《まさかど》の乱を平定した帰路、戦勝を祝って流鏑馬を奉納したことにはじまり、一〇〇〇年以上の伝統を誇る。

冨士浅間神社〈須走浅間神社〉(世界文化遺産)

須走口登山道の守護神

冨士浅間神社は富士山の東側にある須走口登山道の起点にあり、東口本宮《ひがしぐちほんぐう》冨士浅間神社、須走浅間神社とも呼ばれている。

桓武《かんむ》天皇の治世の延暦二一年(八〇二)、富士山の東側から噴火し、打ち続く地震や鳴動に人々は恐れ慄いた。そこで、国司などが中心となって現在地に斎場を設けて噴火鎮定の神事を執り行った。その結果、翌年の春には噴火が治まったという。

そこで、大同二年(八〇七)に鎮火祭の跡地に社殿を造営し、浅間大神をまつったのが当社の起源だと伝えられている。

須走口は富士信仰の基地として早くから重んじられ、特に室町時代から江戸時代にかけては、多くの参拝者で賑わった。当社の境内には富士講の人々が登拝記念などに建立した碑や燈籠などが多くたちならんでいる。かつて三三回を一区切りにした富士登拝が行われ、三三回、六六回などの登拝の記念に碑を建てたり、

冨士浅間神社

本殿・幣殿・拝殿が一体となっている、権現造の社殿。

燈籠を奉納したのである。

また、約五〇〇〇坪の境内は鬱蒼《うっそう》とした樹林（社叢）に覆われており、南側を流れる水路は「信しげの滝」となって流れ落ちている。

さらに北側の出口付近には「根上りモミ」というモミの木がある。樹齢三〇〇年と推定されるこのモミの木は、雨で根元の火山灰の土が長年にわたって洗い流され、根が浮き上がったもので、日本国内でも稀《まれ》に見る奇観を呈している。また、根が絡み合っていることから、古くから「縁結びの木」ともいわれている。

境内の南に位置する信しげの滝。

裏参道の鳥居付近にある根上りモミ。

富士山頂付近の支配権を持つ

江戸時代には沼津藩、後の小田原藩の歴代城主の崇敬を受けてたびたび社殿の造営や修理が行われた。寛文三年（一六六三）小田原藩主によって社殿が建立されたが、宝永四年（一七〇七）の宝永の大噴火で壊滅的な被害を受けた。現在の本殿や拝殿は享保三年（一七一八）に再建されたものである。

また、神仏習合時代には、冨士浅間神社が須走口から登った山頂付近にあった裏薬師堂を管理していた。薬師如来の御開帳などは当社の権限に委ねられ、ここに上がった賽銭《さいせん》などは当社の裁量で用いることが許されていたのである。

数ある浅間神社の中で富士山頂付近の支配権を持ったのは、八合目以上を支配した富士山本宮浅間神社、もと村山浅間神社の別当寺（神仏習合時代に周辺の寺社を統括した寺院）が大日堂を支配していたほか、山頂付近の権限を委ねられた寺社は存在しなかった。そのことからも当社が富士山信仰の中で特別に重要視されていたことが分かる。

須山浅間神社（世界文化遺産）

富士修験の重要な拠点

須山浅間神社は、富士山南東麓の須山口登拝道の起点に鎮座する。須山は古くは「珠山」と称し、社伝では日本武尊が創祀したとされている。なお、史実としては室町時代の聖護院門跡、道興の著した紀行文『廻《かい》国雑記《こくざっき》』には「すはま口という所より富士のふもとに至りて、雪をかきわけて……」という記述が見える。

これは道興が諸国巡歴の折、文明一八年（一四八六）に当地を訪れたときの記録で、「すはま口」とあるのが「須山口」のことである。したがって、この当時、すでに須山口が開かれていたことが分かる。

聖護院門跡の道興が訪れたのはすでに積雪期に入ってからのことで、そんな厳しい季節に訪れたということは、当時、すでにこの地が富士修験の重要な拠点となっていたことを窺うことができる。

コラム

聖護院門跡はなぜ須山口に行ったのか？

天皇や皇族が出家して寺に入って住持（住職）となったものを門跡といい、門跡のいる寺を門跡寺院と呼んだ。聖護院は早くから門跡寺院となり、須山を訪れた道興は近衛家の出身である。

室町時代の聖護院は修験道の寺として隆盛期を迎え、熊野三山をはじめ各地の点在する多くの修験道の山を傘下に治めていた。文明 18 年（1486）から翌年にかけて道興が諸国を巡歴したのは、京都から遠い地方の末寺などの支配を強化する目的があったのだ。

須山浅間神社

文政6年(1823)に再建された本殿。

戦国時代には武田氏が当社を篤く崇敬し、太刀や馬などを寄進した。その寄進状が今も残っている。その後も発展を続けたが、宝永四年（一七〇七）の宝永の大噴火で甚大な被害を被り、須山口登拝道はルートの一部変更を余儀なくされ、ようやく復興されたのが安永九年（一七八〇）のことである。

江戸時代に隆盛を極める

この復興期に江戸を中心として富士信仰が絶好調に達し、登拝者も急増した。その結果、江戸をはじめとする関東方面からの登拝者が須山口から登り、須山浅間神社も多くの参拝客で賑わった。しかし、明治一六年（一八八三）に御殿場口登拝道が開かれるとしだいに須山口からの登拝者も減少した。

現在の社殿は江戸時代末の文政六年（一八二三）の再建だが、当社には大永四年（一五二四）の棟札（建物を建てるときに建築の年月日や施主の名、建立の理由などを書いた木の札で、棟上げのときに天井裏に据える）が残っており、この時代には社殿を備えていたことが分かる。

山宮浅間神社（世界文化遺産）

山宮浅間神社の創建の経緯

江戸時代に著された社伝『富士本宮浅間社記』によると、第一一代垂仁天皇の三年に富士山麓にまつられたのが起源。その後、第一二代景行天皇の皇子・日本武尊が東征の折、駿河国で土地の豪族に襲われ、火を放たれて絶体絶命の窮地に陥った。このとき、日本武尊は富士山の浅間大神に一心に祈ったところ、九死に一生を得たという。

その後、武尊はその神徳に感謝し、富士山麓に磐《いわ》境《さか》（岩を積み上げて作った神を迎えるための斎場設備）を設けて浅間大神を丁重にまつった。山宮浅間神社の縁起では、これが当社の起源だという。さらに時代が下って大同元年（八〇六）に平城天皇の命を受けた坂上田村麻呂が、磐境を築いた場所から現在の浅間神社のある場所に神霊を遷座して社殿を造営したという。

山宮浅間神社

祭祀を行ってきた遥拝所。

遥拝所が起源

『富士本宮浅間社記』などには先に挙げたような創建の経緯が記されている。しかし、もともと、山宮《やまみや》浅間神社は富士山の遥拝所（遠くから神霊などを望む場所）が起源だった。今も山宮浅間神社には富士山を望むことができる遥拝所がある。

富士山本宮浅間大社はこの山宮から遷座されたもので、大社が創建されてからは「元宮」「山宮」と呼ばれている。浅間大神をまつる約一三〇〇社の浅間社の中で最も古い創祀と考えられている。

当社には本殿がなく、溶岩流の先端に位置する遥拝所で富士山を仰いで祭祀を行ってきたと考えられている。これは古代の祭祀の形態を留めるもので、奈良県の大神神社や長野県の諏訪大社など、今も各地に本殿のない神社が存在する遥拝所付近からは一二世紀ごろのものと推定されるかわらけ（土器でできた杯で、お神酒《みき》を注ぐもの）が出土している。

また、籠屋と呼ばれる社務所があり、かつては祭礼の際に大社の宮司や神職、社僧（神仏習合時代に存在した神社所属の僧侶）などがここで参籠（寺社に数日間、籠って祈願などをすること）した。

大社との関わりは深く、かつては大社の祭神が春と秋に大社と山宮との間を往復する「山宮御神幸」が行われていた。その際、神霊の宿っているとされる鉾《ほこ》を掲げて神幸したといい、山宮の参道の石段の手前と籠屋の近くには今も「鉾立石」が残っている。

コラム

九死に一生を得た日本武尊

記紀の神話によれば日本武尊《やまとたけるのみこと》は今の草薙《くさなぎ》（静岡県清水市）あたりで土地の豪族の一団に攻められて火を放たれた。武尊は持っていた天叢雲剣《あめのむらくものつるぎ》で周囲の草をなぎ倒し、火打石で火を放って迎え火にして敵の火を防ぎ、難を逃れた。天叢雲剣は三種の神器の一つだが、このことから「草薙剣《くさなぎのつるぎ》」と呼ばれ、その後、名古屋の熱田神宮の御神体としてまつられている。

また、このとき、船着き場の芦原を焼いたので、このあたりを「焼津《やいづ》」というようになったという。

河口浅間神社（世界文化遺産）

富士山の噴火鎮定が目的

河口浅間《かわぐちあさま》神社は、河口湖の北側の、湖越しに富士山を望むところに鎮座している。貞観《じょうがん》六年（八六四）の「貞観大噴火（12ページを参照）」の翌年にまつられた。

『日本三大実録』によれば、大噴火によってあたりは甚大な被害を被った。そして、このような被害を受けたのは駿河国の浅間名神（現在の富士山本宮浅間大社）のまつり方が怠慢だったことが原因だとされたのだ。そこで、甲斐国の現在地に浅間神の社を建て、官社（朝廷が管理する神社）として丁重にまつられたと記されている。境内には樹齢一〇〇〇年を超えると推定される「七本杉」という御神木がある。また、拝殿の前には「美麗石（ヒイラ石）」と呼ばれる石の小さな祠《ほこら》がまつられている。これは『日本三大実録』に記された、浅間名神を最初にまつった古代祭祀場だと伝えられている。

コラム

なぜ「あさま神社」と読むのか？

浅間を「あさま」と読むのは古い読み方である。「あさ」とか「あそ」は火山や噴火を表す語ともいわれ、そのことから凄まじい噴火を繰り返した富士山には「浅間大神」が住まうと考えられていた。そして、他の浅間神社が「せんげん」と読むのに対して、河口浅間神社だけが「あさま」と読むのは、当社の創祀が噴火の鎮定を目的にしたためと考えられる。『日本三大実録』にもあるように、噴火鎮定に関しては、総本社の富士山本宮浅間大社よりも霊験あらたかと考えられたのである。だから、遥拝所などを起源として創祀された他の浅間神社と区別するためにも「あさま神社」と称してきたのだろう。

◎第四章◎

富士山内の文化遺産

お鉢巡り

曼荼羅になぞらえて山頂を巡る

「お鉢巡《はちめぐ》り」とは、すり鉢型の富士山の火口の回りを巡るもので、富士講などの登拝が盛んになった室町時代ごろから行われるようになったと考えられている。

密教の胎蔵界曼荼羅《たいぞうかいまんだら》には大日如来を中心に、その周囲の八枚の蓮弁（蓮の花の花弁）に八尊の仏・菩薩が描かれている。これを「中台八葉院《ちゅうたいはちよういん》」という。平安時代に密教を伝えた弘法大師空海が高野山の山頂付近を中台八葉院に見立てて以降、各地の山が曼荼羅になぞらえられるようになった。

富士山には最高峰の剣ヶ峰をはじめ、八つのピーク（頂上）がある。そこで、富士山の火口を大日如来のいる内院とし、各ピークを阿弥陀如来や観音菩薩、勢《せい》至《し》菩薩などになぞらえたのである。

お鉢巡りの目的は、曼荼羅の中枢に見立てた富士山の最高地点を巡って、各頂上の諸仏を拝し、その加護によって悟りの世界に入ることである。

だから、もとは「お八巡り」といっていたのだが、明治の初年の神仏分離政策によって仏教的要素が一掃され、八尊の仏・菩薩を表す「お八」という字は廃され、すり鉢の「お鉢」に変えられた。

お鉢巡りのルート

吉田口と須走口の登拝道の頂上である薬師岳の近くにある久須志《くすし》神社を出発点に朝日ヶ岳（大日岳）→伊豆ヶ岳（阿弥陀岳・観音岳）→成就《じょうじゅ》ヶ岳（勢至ヶ岳）→銀明水→浅間大社奥宮→駒ヶ岳（浅間岳）→三島岳（文殊ヶ岳）→馬ノ背→剣ヶ峰→西安河原（西賽《にしさい》ノ《の》河原《かわら》）→白山岳（釈迦ヶ岳）→金明水→久須志岳（薬師岳）→久須志神社と左回りに一周するのがお鉢巡りのルートで、一周するのに一時間半から二時間かかる。

なお、カッコ内に記したのは明治以前の名称。神仏分離によって釈迦や薬師、賽ノ河原などの仏教的名称が禁止されたので、現在のような形になった。

浅間大社奥宮は富士宮の富士山本宮浅間大社の奥宮で、富士山信仰発祥の地とされる聖地。また、剣ヶ峰は三七七六メートルの富士山の最高峰で、奥宮からここに向かう馬の背がお鉢巡り最大の難所である。金明《きんめい》水《すい》、銀明水《ぎんめいすい》は霊水（銘水）として知られる井戸だ。

お鉢巡りのルート図

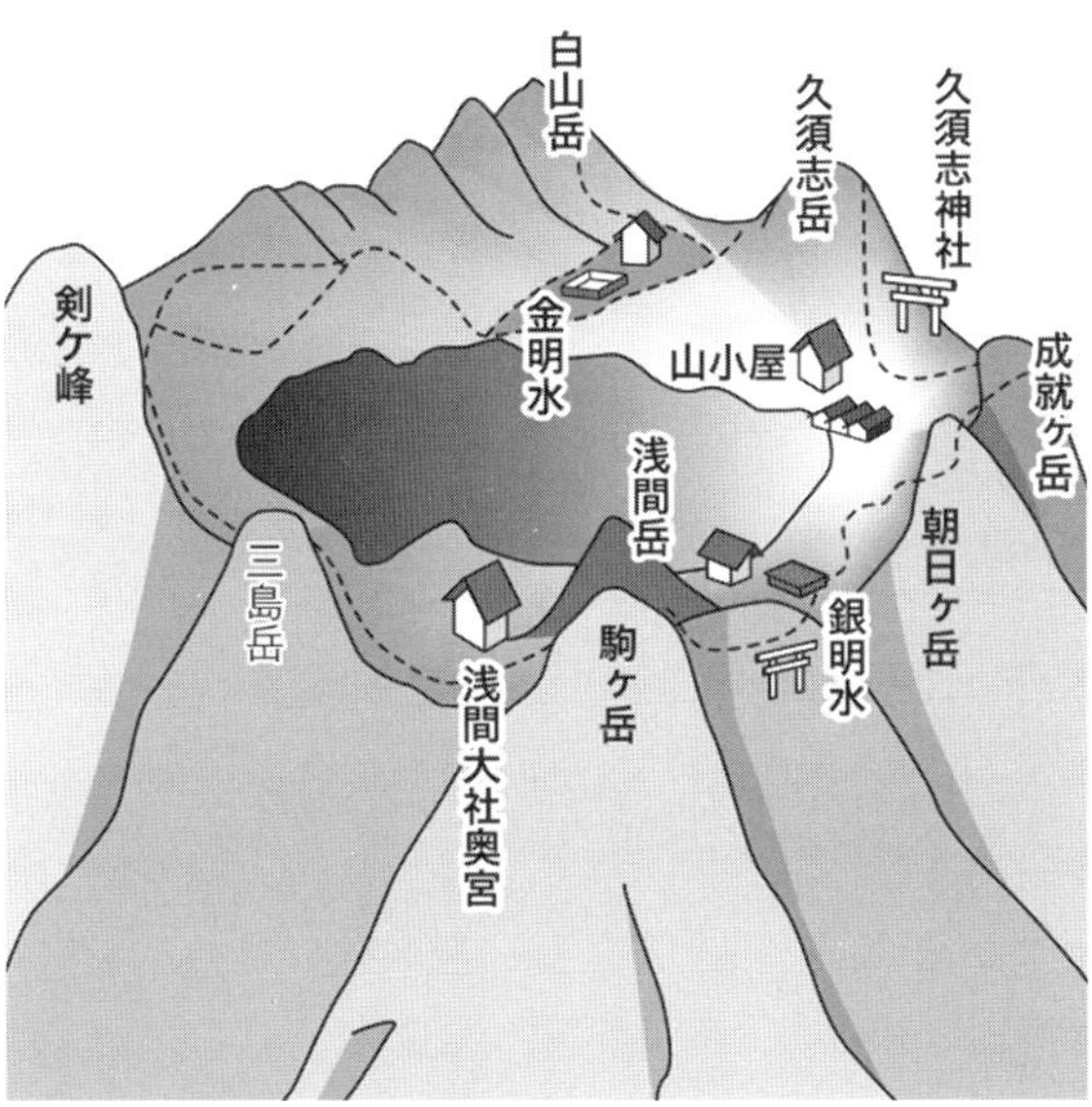

お鉢巡りは、久須志神社から左回りに巡る。

コラム

金明水・銀明水——山頂になぜ井戸があるのか?

金明水・銀明水は山頂にある二つの井戸で「御山水」「富士の加持《かじ》水」としてその霊験が知られている。なぜ山頂に井戸があるかといえば、富士山頂の直下には永久凍土があり、夏になると地表付近の凍土が解けて井戸水として蓄えられるのである。古くからこの井戸の水を竹筒や徳利などに入れて持ち帰り、神棚などに供えて病気平癒や災難除けの祈願をしたという。

また、この水を用いて墨を磨《す》り、書や絵を描いた。富士講中興の祖、食行身禄《じきぎょうみろく》（72ページ参照）はこの水で磨った墨で「御身《おみ》抜《ぬき》」という自らが浅間大神から授かった言葉を墨書したといい、富士講の人々の信仰の対象となったという。

なお、江戸時代の画家、谷文晁《たにぶんちょう》や幕末から大正にかけて画家としても活躍した富岡鉄斎《とみおかてっさい》などがこの霊水を使って絵を描いている。

お中道巡り

五合目付近を一周する修行の道

「お鉢巡り」は山頂の火口の外周を巡るのだが、「お中道《ちゅうどう》巡り」は中腹の五合目付近を一周するものだ。

お中道巡りがいつごろから行われるようになったのか、ハッキリしたことは分からない。しかし、富士講徒による登拝が盛んになった室町時代の終わりごろには行われていたと考えられる。

昔は富士山に三回以上、登頂した者にのみ巡ることが許されていたといい、神聖な修行の道だったのである。かつては富士山登拝（登頂）、お中道巡り、そして、八海巡り（98ページを参照）を「三大行」として、重要視していた講もあった。

かつてのルートは須走口《すばしりぐち》から登って登頂を果たした帰路に須走口の五合目にある小御岳《こみたけ》神社から山麓に向かって右回りに、須山口六合目、宝永山五反畑、大宮口六合目、大沢右岸の東方茶屋、大沢越え、大沢茶屋で一泊して須走口五合目に至るもので、二〇キロメー

コラム

「大沢崩れ」とは?

富士山の真西に位置する侵食谷で、西側の頂上直下から標高約2200メートル付近まで達している。最大幅は約500メートル、砂礫の深さは150メートルに達するとされる。800以上あるという富士山の侵食谷の中でも大沢崩れは最大のものである。現在も崩壊は進んでおり、毎日、約275トン（積載量10トンのダンプカー 28台分）の砂礫などが崩れ落ちている。

また、大沢崩れの砂礫などは大雨や雪解けによってしばしば土石流となって流れ落ち、麓に扇状地を形成している。

トルほどの行程だ。

このうち、大沢越えは大沢崩れがある難所だ。ここは深く堆積した砂礫《されき》に金剛杖が潜るため、「中道杖」という、ふつうの金剛杖よりも長い杖を持ち、頭には「宝冠」という長い布をターバンのように巻くという出で立ちでお中道巡りに臨んだという。宝冠はいざというときに解いて命綱にしたのである。

現在のお中道

前述したようにお中道巡りは富士登拝とともに、重要な修行として行われてきた。しかし、近年になって大沢崩れで遭難者も出たことから、お中道を一周することはできなくなった。

今は山梨県側の富士スバルライン五合目から、御庭《おにわ》山荘（休業中）を経て、滑沢《なめさわ》右岸に達し、旧大沢休息所に至る。この大沢休息所から五分ほど下ったところが大沢崩れの縁、最前線で、そこから先には進むことができないので、来た道を再び引き返すことになる。

往復約八キロメートル、四時間ほどの行程である。お中道は森林限界を行ったり来たりする形で続いており、岩だけのお鉢巡りと違って樹林帯やシャクナゲなどの草花が楽しめる。また、南アルプスを遠望するなど大パノラマも満喫できる。

大沢崩れ

真ん中に見える、大きな谷が大沢崩れ。

烏帽子岩

食行身禄が入定した岩

吉田口から登った八合目にあるのが烏帽子岩《えぼしいわ》だ。享《きょう》保《ほう》一八年（一七三三）、富士講の指導者である食行身《じきぎょうみ》禄《ろく》は、吉田口から富士山に登拝した。その後、烏帽子岩まで下り、岩の下で坐禅を組んで断食をした。そして、三五日後に入定《にゅうじょう》して即身仏になったという。ときに身禄は六三歳だった。

入定とは悟りの境地に入ることで、深い瞑想《めいそう》状態のまま生き続けることである。

弘法大師空海は高野山の奥の院にある「弘法大師御廟」で入定に入ったまま生き続けているとされ、これを「弘法大師入定伝説」といい、弘法大師信仰の中核となっている。

このような入定の信仰は空海が伝えた密教の即身成仏の信仰に基づくもので、この身のままで生きながら

烏帽子岩

烏帽子岩の横には食行身禄をまつった烏帽子岩神社がある。

にして成仏し（仏となり）、衆生《しゅじょう》（すべての人々）を救おうとするものだ。

　このような即身成仏の信仰は近世になると曲解され、断食して死を迎えることを入定と呼ぶようになった。

　とりわけ出羽《でわ》三山を中心とする東北地方では多くの即身仏（ミイラ）が現存し、江戸時代にはこの信仰が頂点に達していたことが分かる。いうまでもなく、身禄が烏帽子岩で入定したのも、そのような即身成仏の信仰によるのである。

　即身仏となった身禄の遺骸は石棺に納められ、身禄堂を建ててまつられた。この身禄の入定を機に江戸を中心に富士講が爆発的に広まり、「江戸は広くて八百八町、講は多くて八百八講」といわれるほど盛んになった。

　身禄の名は釈迦がこの世を去ってから五六億七〇〇〇万年後にわれわれの住む娑婆世界に降りて来て、衆生を救うとされている弥勒《みろく》菩薩にちなんだものだ。入定した身禄は遠い未来に自ら弥勒菩薩となって衆生を救うことが理想だったのだろう。

コラム

身禄とはどんな人物か?

食行身禄（1671～1733）は伊勢の生まれで、本名は伊藤伊兵衛《いへえ》。元禄元年（1688）に江戸に出て富士講の行者・月行《げつぎょう》に入門。油売りをしながら修行に励み、後に富士講の中興の祖と仰がれた。後年の身禄は救世主、教祖的な存在として、幕府の厳しい統制に不満を持つ人々の熱狂的な支持を受けた。

身禄は密教の呪術的な加持祈祷などを否定し、「正直、慈悲、勤勉」をモットーとした。神仏にすがる他力本願の信仰を退け、常に自分の心を正しい方向に向けて、日々の生活を送ることを勧めた。また、四民平等を訴えて、身分制度を否定した。そして、男女の同格を訴え、女人禁制だった富士山への女性登拝の門戸を開くことに取り組んだ。

身禄の言動は江戸幕府に目をつけられ、たびたび弾圧された。しかし、その教えは庶民の中に深く浸透し、身禄の入定後は娘や弟子たちに継承され、現在では神道系の宗教教団の丸山教が身禄の直系として受け継いでいる。

登拝道の歴史

参拝を目的とする神聖な道

「登拝道《とはいどう》」とは文字通り山に登って礼拝するための道である。だから、レジャーやスポーツの一環で登るための「登山道《とざんどう》」とは異なる神聖な道なのである。

ただし、日本のほとんどの山は山岳信仰から出発している。だから頂上に至る道の多くも登拝道というべきものである。

とくに富士山に登ることは「富士禅定《ぜんじょう》」といわれた。禅定とは坐禅のことで、仏教では坐禅して深い瞑想に入ることで悟りを開くことができるとされている。富士山に登ること自体が悟りに至る修行と考えられ、その頂には浄土（悟りの世界）があると信じられていたのである。富士山の登拝道はより神聖な道と位置付けられたのである。そして、富士山の場合、頂に登るのは富士山信仰の究極の目標である。その意味で、頂に至る道は単なる「登山道」ではない（ただし、世界文化遺産の構成資産としては「登山道」の語を用いる）。

今回、世界文化遺産の構成資産に登録された富士山の登拝道は「大宮《おおみや》・村山口《むらやまぐち》登山道（表口）」「吉田口《よしだぐち》登山道（北口）」「須山口《すやまぐち》登山道（南口）」「須走口《すばしりぐち》登山道（東口）」の四本で、吉田口だけが山梨県側にある。

この他にも「精進口《しょうじぐち》登拝道」「船津口《ふなつぐち》登拝道」「上出《かみいで》口《ぐち》登拝道」「明見口《あすみぐち》登拝道（艮口《うしとらぐち》登拝道）」などがあったが、明治以降は荒廃し、今は廃道同然になっている。

かつて登拝口は一合目にあり、ここから登拝者は頂上を目指した。大宮・村山口登山道は今の富士山本宮浅間大社を起点にしていたのである。

しかし、近年になって昭和三九年に山梨県側に富士スバルラインが、同四五年には静岡県側に富士スカイラインが開通し、五合目まで車で行けるようになった。以降、五合目まで徒歩で登る人はほとんどいなくなり、その結果、各登拝道の五合目までは廃道と化してしまったのである。

構成資産に登録されている登拝道も五合目までは廃道同然になっていた。しかし、大宮・村山口登山道だけは近年になって整備が進み、旧観を取り戻し、浅間大社を起点とする登拝も復活している。

吉田口登山道

山梨県側にある吉田口登山道。

コラム

六根清浄

富士登山に限らず霊山には「サンゲ、サンゲ、六根清浄《ろっこんしょうじょう》」の掛け声を掛けながら登った。「サンゲ」は懺悔《ざんげ》のことで、日ごろの行いを反省することだ。六根とは眼《げん》、耳《に》、鼻《び》、舌《ぜつ》、身《しん》、意《い》（心）のことで、人間の感覚器官（五感）と、それを統括する意（心）のことだ。この六根が清められる（清浄になる）ことによって、悟りの境地に近づくことができると考えられている。

しかし、俗界の日常生活では六根はさまざまな煩悩（欲望）などに穢《けが》されて、正しく機能しない。だから、神聖な山の霊気に触れて懺悔することによって、六根は清浄になり、悟りに近づくことができると考えた。

ちなみに、六根清浄はつらい山登りの掛け声だったことから転《てん》訛《か》して「どっこいしょ」という言葉が生まれた基《もとい》ともいわれている。

大宮・村山口登山道（世界文化遺産）

村山修験の行者たちの道

この登拝道は平安時代の末に末代上人《まつだいしょうにん》（34ページを参照）が開いたといわれている。富士山本宮浅間大社《ふじさんほんぐうせんげんたいしゃ》から村山浅間神社を経て頂上に至ることから「大宮・村山口」と呼ばれた。富士山本宮浅間大社の門前町だった大宮町から「大宮」の名がある。

富士講の登拝は室町時代から盛んになるが、それ以前から村山修験の行者たちが登拝を繰り返していた。彼らが使っていたのが、この登拝道だと考えられる。中世以降、富士山興法寺《こうぼうじ》の別当寺《べっとうじ》である「村山三坊」が登拝道と途中の山小屋などを管理していた。やがて、室町時代の後半に村山三坊が京都の聖護院《しょうごいん》の傘下に入ると、西国からの参詣者も多くこの登拝道を利用するようになった。

狩野元信《かのうもとのぶ》（一四七六〜一五五九）筆と伝えられる

コラム

曼荼羅とは?

曼荼羅は密教の宇宙観を表したもので、日本には弘法大師空海が中国から伝えた。

曼荼羅にはたくさんの仏、菩薩、明王などが描かれることから、多くの人や建物などが描かれた画像を曼荼羅と呼ぶようになった。そして、室町時代に講が盛んになると、「熊野曼荼羅」や「吉野曼荼羅」など、各地の有名な神社仏閣で参詣の光景を描いたものが作られるようになった。御師《おし》（布教師）が曼荼羅を持って各地を回り、絵解き（解説）をした。いわば、信者獲得のためのプロモーションビデオといったところだ。

「富士曼荼羅」も室町から江戸にかけて多く描かれ、この曼荼羅によって富士講も多いに発展したのである。

大宮・村山口登山道

山頂南側に至る登山道。

「絹本著色《けんぽんちゃくしょく》富士曼荼羅図《まんだらず》」には、富士山本宮浅間大社の湧玉池《わくたまいけ》で禊《みそぎ》をし、興法寺の滝に打たれて水垢離《みずごり》をとったのち、富士山に登る人々の光景が描かれている（122ページを参照）。このことから、室町時代の末には富士講の信者たちが列をなして大宮・村山口から富士山頂を目指したことが分かる。

しかし、大宮・村山口登山道は宝永四年（一七〇七）の宝永大噴火で甚大な被害を受け、登拝道の一部が塞《ふさ》がれてしまう。その後、村山修験の行者らによって復旧がはかられたが、元の登拝道に戻すことはできなかった。

急速に衰退した大宮・村山口

宝永大噴火のころから富士講が盛んになり、富士山の登拝ブームが訪れた。江戸からの登拝者は復旧がままならない大宮・村山口を避けて、北口や東口を利用するようになった。そこで、この登拝道は急速に衰え、明治の修験道廃止令により完全に命脈を絶たれたのである。そして、明治三九年（一九〇六）に大宮から村山を通らずに行く登拝道が開かれた。これが富士宮口登拝道（現在の富士宮口登山道）で、富士山六合目の富士スカイラインの終点あたりで、元の大宮・村山口と合流する。つまり、六合目から上が元の大宮・村山口で、世界文化遺産の構成資産の範囲も現在の富士宮口登山道の六合目以上である。

吉田口登山道（世界文化遺産）

食行身禄ゆかりの道

この登拝道は、北口本宮冨士浅間神社を起点とする登拝道で、一四世紀の後半には参詣者のための宿坊もできはじめ、遅くとも鎌倉時代ごろには開かれていたと考えられている。

富士講中興の祖と仰がれる食行《じきぎょう》身禄《みろく》がたびたび吉田口から山頂を極めた。そして、享保一八年（一七三三）、六三歳の身禄はこの吉田口から山頂を極めたあと、七合五勺《しゃく》（現在の八合目）のところにある烏帽子岩で入定を果たした（72ページを参照）。

ちょうどこのころから富士講の登拝も盛んになり、江戸からの講徒は身禄を慕ってこの登拝口から登るようになり、大宮・村山口登山道と双璧をなす登拝道として栄えた。富士講が隆盛期を迎えた一八世紀後半以降は最も多くの登拝者で賑わった。

前述した通り、富士スバルラインと富士山スカイラインが開通してからは、ほとんどの登山者は五合目か

北口本宮冨士浅間神社

吉田口登山道の起点である北口本宮浅間神社。

ら出発する。このため、五合目以下の登拝道は荒廃の一途をたどった。しかし、この吉田口だけは一合目から以下のような富士信仰の旧跡を辿って山頂に至ることのできる唯一の貴重なルートということができる。

一合目から世界文化遺産に

ちなみに、他の三本の登山道は、五合目から六合目以上が世界文化遺産の構成資産の範囲になっているが、吉田口だけは一合目から構成資産の範囲に指定されている。

　北口本宮富士浅間神社を出発して、大塚丘を経て一合目の鈴原大日、二合目の小室《おむろ》浅間神社、四合目の御《ご》座石《ざいし》浅間、五合目の中宮三社、五合五勺の小御嶽《こみたけ》神社、七合五勺の烏帽子岩、八合目の大行合《おおいきあい》、九合目の日之御子《みこ》神社を経て頂上の薬師岳に至る。

　大塚丘は北口本宮富士浅間神社の境内を出て一五〇メートルほどのところにある。この地は日本武尊《やまとたけるのみこと》が東征の帰路に立ち寄り、「北方に美しく裾野が広がる富士は、この地から拝するべきである」と語ったという古跡で、当社の原点となった場所だ。

　また、五合目の中宮社はかつて富士山の本地仏、大日如来をまつるお堂があったところで、「中宮大日」と呼ばれていた。

　江戸時代の案内図には中宮社など、登拝道の要所、要所に多くの宿坊が描かれており、かつての盛況ぶりを偲《しの》ぶことができる。

コラム

宿坊の盛衰

　かつて吉田口登山道の周辺には、本文でも触れた「中宮大日」や「行者堂」などの多くのお堂や、登拝者に食事や宿を提供する宿坊が建ち並んでいた。そして、お堂の管理は北口本宮冨士浅間神社の別当寺が行っていた。

　宿坊についても別当寺《べっとうじ》が管理運営していたが、18 世紀の後半以降、講の登拝が隆盛期を迎え、吉田の御師が勢力を伸ばすと、これらの宿坊も御師の手に経営が委《ゆだ》ねられた。しかし、明治の神仏分離により、別当寺は廃され、御師の活動も制限されると宿坊などは一気に衰亡したのである。

須山口登山道（世界文化遺産）

東海道・三島宿から便利な道

須山口登山道は、平安時代のはじめに開かれたとも伝えられているが、ハッキリしたことは分かっていない。

しかし、京都の聖護院門跡《もんぜき》、道興《どうこう》の『廻国雑記《かいこくざっき》』に記されていることから、道興が訪れた文明一八年（一四八六）にはすでに知られていたことが分かる（62ページを参照）。

富士山南東麓の須山浅間神社を出発して水ケ塚、御《ご》殿庭《てんにわ》、宝永火口を経て富士山頂の一つ、駒ケ岳（旧浅間岳）を極めるコースである。

江戸時代には、東海道を東西からやって来た人々が三島宿（現在の静岡県三島市）で三島大社に参拝して、登拝の安全を祈願したのち、須山口に向かったのである。

ちなみに三島大社の祭神の大山祇神《おおやまづみのかみ》は日本の山の神の総元締めで、富士山の御祭神である木花開耶姫命《このはなのさくやひめのみこと》の父にあたる。もともと東海道の要衝だった三島宿は富士登拝のベースとしても賑わうようになったのである。

宝永の大噴火で甚大な被害を受ける

この須山口も宝永大噴火の折に甚大な被害を受け、中腹の御胎内《おたいない》神社や山小屋なども跡形もなく破壊された。

その結果、須山口登山道も数十年にわたって通行不能になっていたが、安永《あんえい》九年（一七八〇）になってやっと復旧した。このとき、宝永火山の右側にルートを取り、復旧後は宝永火山の火口を眺めながら登るパノラマルートとなった。

その後、江戸時代の後半には活況を取り戻し、年間

須山口登山道

須山浅間神社を起点に、山頂南東部に至る。

五〇〇〇人を超える登拝者があったという記録が残っている。

御殿場口登山道の開削

明治一六年（一八八三）に御殿場口登山道が開かれた。この登山道は最も新しいもので、三合目から須山口登山道と合流した。

このため、須山口登山道の三合目までは衰退し、さらに明治二二年（一八八九）に東海道本線が開通して御殿場駅ができると、ほとんどの人が比較的ゆるやかな御殿場口登山道を利用するようになり、女性や外国人の登山者も目立つようになった。その結果、須山口登山道はすっかり寂れてしまったのである。

しかも明治四五年（一九一二）に東麓が陸軍の演習場として接収され、須山口登山道の一部が通行不能になってしまった。

しかし、近年になって富士登拝道の古道の復活の気運が高まり、平成七年（一九九五）から須山口登山道の整備が始まった。

そして、同九年に三合目までの登拝道が、同一一年には下山道が整備され、須山浅間神社から登ることもできるようになった。

須山口登山道の構成資産の範囲は現在の御殿場口登山道の標高二〇五〇メートル以上と、標高一四三五メートル～一六九〇メートルの須山御胎内周辺である。

第四章 富士山内の文化遺産

須走口登山道（世界文化遺産）

富士山の東口

この登拝道は須走《すばしり》浅間神社（冨士浅間神社）を出発して、八合目で吉田口と合流し、山頂の一つである薬師岳に至る。富士山の東に位置することから「東口」とも呼ばれている。

須走口がいつごろ開削されたかについてハッキリしたことは分からない。しかし、須走浅間神社の創祀は桓武《かんむ》天皇の時代、平安時代のはじめとされているから、かなり早くから登拝道があったことが推測される（60ページを参照）。

また、この登拝道の六合目付近で至徳《しとく》元年（一三八四）の銘が刻まれた「銅造懸仏《どうづくりかけほとけ》」が出土している。掛仏とは円形の銅板にレリーフで仏の姿を表したもので、直径四～五センチメートルの小さなものから、同一メートルに及ぶ大きなものまである。

出土した懸仏がどこで作られて、いつごろ六合目にまつられたかは分からない。しかし、室町時代の後半には登拝道が整備され、須走浅間神社が登拝道を管理していたのだろう。そして、六合目には何らかの堂宇があり、そこに懸仏がまつられていたと考えられる。

江戸時代になると、いちばん東に位置する須走口は江戸から最も近い登拝口だった。このことから江戸を中心に関東方面からの登拝者のほとんどは須走口を利用し、大いに栄えた。

宝永大噴火で壊滅的な打撃を受ける

この須走口は宝永四年（一七〇七）の宝永の大噴火によって最も大きな被害を受けた。当時、須走浅間神社の東側に八〇軒ぐらいの家が建ち並んでいたという。三六軒が焼失、残りのほとんどは降り積もった火山灰によって押しつぶされたという記録がある。

住民は間もなく避難したらしいが、一帯には二メートルを超える火山灰が降り積もり、富士登拝の基地として栄えた村はゴーストタウンと化した。

しかし、須走口は江戸方面からのメインの登拝口だったので、幕府も支援して噴火の翌年には登拝道が復旧した。けれども、明治になって御殿場口登山道が開かれると、急速に衰退した。

須走口登山道

8合目で吉田口登山道と合流する。

コラム

懸仏とは?

懸仏は「御正体《みしょうたい》」とも呼ばれ、もともと神仏の姿が鏡に焼き付いたものと考えられていた。平安時代後半になって神仏習合（28ページを参照）が進むと、懸仏を神社の社殿の柱や壁などに掛ける風習が盛んになった。懸仏をまつることによって神社に仏がまつられることになり、神仏が共に護ってくれると考えられたのである。

この懸仏は神仏習合時代の所産で、平安時代末ごろからおびただしい数の懸仏が作られ、全国各地の神社仏閣にまつられた。しかし、明治の神仏分離政策によって神社に懸仏をまつることが禁止され、ほとんどが撤去されてしまった。

懸仏
鏡板などに仏像や神像を立体的に表したもの。柱や壁に懸けてまつった。

御師住宅（世界文化遺産）

御師とは

御師《おし》とは各地の霊場で宿泊や食事など、参詣者の世話をする人々のことで、伊勢御師（伊勢では「おんし」という）、熊野御師など各地の霊場に住んで宿坊を営み、代々これを生業《なりわい》としてきた人々のことだ。

また、閑散期には講徒の家々を巡ってお札《ふだ》を配って布施（初穂料《はつほりょう》）を集め、各地で布教活動も行った。

富士山の御師はもともと登拝道ごとに組織され、はじめは富士修験の行者の世話を万端にわたって行ってきた。そして、講が盛んになった室町時代以降、御師は講の活動を支えるために必須の存在となったのである。

また、御師とは「御祈祷師」の略ともいわれており、神職の資格を与えられていた。江戸時代になっても士農工商の階級に属さず、神職（聖職者階級）として、名字帯刀を許されていた。

御師住宅

富士山御師は山梨県側に集中し、河口湖の北岸にはかつて御師町という御師の町があった。江戸時代後半の最盛期には一四〇件の御師住宅が建ち並ぶ盛況ぶりだった。

しかし、明治維新の神仏分離によって急激に衰え（30ページを参照）、今は世界文化遺産の構成資産に登録されている「旧外川《とがわ》家御師住宅」や「小佐野《おさの》家御師住宅」をはじめ、数件を残すのみである。

御師住宅は表通りに面して建つ門を入ると細い道が続き、その奥に住宅が建っていた。「タツミチ」と呼ばれる細い道の両側には「前屋敷」と称する御師の手伝いをする賄《まかな》いや強力《ごうりき》（富士登拝で荷上げを担当する人）が住む家が並んでいた。

旧外川家住宅・御神前

富士吉田市歴史民俗博物館に復元された中門と主屋。

また、敷地内には小川が引き込まれ、その途中には段差を利用して小さな滝が設《しつら》えてある。この滝壺で水《みず》垢離《ごり》（水で身を清めること）をしたのである。

住宅の一番奥には御神前《ごしんぜん》と呼ばれる神聖な部屋がある。御神前の奥には神棚をまつり、旧外川家御師住宅では神棚の横に食行身禄の像がまつられている。御神前の前面には短冊状に部屋が続き、広間や富士講徒の宿泊する部屋がある。宿泊の部屋は上段の間と一段低くなった下段の間に分かれ、上段の間には先達《せんだつ》などが宿泊した。

旧外川家住宅の母屋は明和《めいわ》五年（一七六八）の建築で、現存の御師住宅の中では最古級の建物である。

もう一つの構成資産、小佐野家御師住宅も玄関から広間、下段の間、上段の間を通って御神前に至り、北側に御師一家の住宅がある。小佐野家御師住宅は現在も一族が居住しているため、非公開。

文久《ぶんきゅう》元年（一八六一）の年号が記された家相図（図面）が発見された。

この家相図をもとに、富士吉田市の歴史民俗博物館に御師住宅を復元、公開されている。

建物は社家造と呼ばれ、神職一家の住まいの構造を伝える貴重な遺構である。

人穴の出口はどこにあるか？

人穴富士講遺跡（世界文化遺産）

人穴《ひとあな》とは富士山の噴火の際に流れ出した溶岩流が固まったときにできた洞穴で、人穴浅間神社の境内にある。この長さ約八三メートルの洞穴と、富士講の講員が参拝記念に建立した二〇〇基を超える碑を人穴富士講遺跡と呼ぶ。

鎌倉時代の歴史書『吾妻鏡《あづまかがみ》』には、人穴について「浅間大菩薩の御在所《ございしょ》（住まい）」と記されており、すでにこの時代に聖地として崇められていたことが分かる。

人穴の全長は約八三メートル。その最奥部に浅間大神碑がまつられているところで行き止まりになっている。しかし、その最奥部からさらに東に一〇〇キロほど続いているという言い伝えがある。

『吾妻鏡』には、源氏の家臣の武将が人穴の探索を命じられた話が収められている。それによると、武将が人穴に入り、その最奥部に達したとき、「さらに東に進め」との浅間大神のお告げがあった。このお告げに従って進んだところ、二一日目に鎌倉・江の島の弁才天の岩屋に出たという。岩屋は島の東部にある大きな洞窟で、平安時代のはじめに弁才天をまつり、江の島弁天の起源となった場所である。ここが人穴の出口だというのである。

また、ＪＲ横浜駅の近くに芝生《しぼう》浅間神社という神社がある。現在の芝生浅間神社は、埋め立てによって海岸から離れたところにあるが、かつては海岸沿いにあって広大な社域を誇っていた。江戸時代にはこの神社の境内に人穴の出口があるとされ、多くの参拝者で賑わったという。

寛政《かんせい》九年（一七九七）に著された『東海道名所図《ず》会《え》』には海岸沿いに浅間神社が描かれ、『江戸名所図会』には海岸沿いの岸壁に穴があり、そこに人が入ろうとしている光景が描かれている。『江戸名所図会』の詞《ことば》書《がき》には、根拠のない作り話ではあるが、古くからの言い伝えなので仕方なく収録したと述べている。

しかし、作り話とはいえ、この話が江戸と近郊の人々の富士に対する親近感を強め、富士信仰をさらに盛んにする原動力の一つになったことは確かだ。

富士講の祖・長谷川角行と人穴

人穴富士講遺跡

人穴浅間神社の境内に並ぶ碑塔群。

江戸時代の富士講の開祖とされる長谷川角行《はせがわかくぎょう》は人穴で修行し、仙元大神の神託を受けたという。その教えは江戸を中心に広まり、富士講隆盛の起爆剤となった。

永禄《えいろく》三年（一五六〇）、若干二〇歳の角行は人穴の中に建てたわずか四寸五分角（一五センチ四方くらいの角材）の上で千日間の修行をやり抜いた。角材の上で修行したことから角行と名付けられたという。

その後、富士講の祖となって多くの信者を率いた角行は、正保《しょうほう》三年（一六四六）に、人穴で入定《にゅうじょう》した（亡くなった）。以降、人穴は浄土へ通ずると考えられ、聖地として人々の信仰の対象になったのである。

人穴の近くには江戸時代まで大日堂があり、ここを管理する赤池家が修行者や参拝者の世話をし、お札や御朱印の授与、参拝碑の建立の世話などを行っていたという。

このように人穴は浅間大神の在所、浄土への入口などとして神聖視され、まさに富士信仰の中核をなす聖地として崇められた。

明治の初年には神仏分離令によって大日堂は廃され、人穴浅間神社が建てられた。昭和一七年（一九四二）には神社一帯の土地が軍用地として接収され、人穴浅間神社も移転を余儀なくされたが、戦後、昭和二九年には旧地（現在地）に復興した。

お胎内巡り

胎内巡りとは

胎内とは文字通り、母胎のことだ。胎内巡りとは母胎や子宮に見立てた暗く狭い洞窟などを巡り、そこから出ることによって新たな出生を体験することを目的とする。

胎内巡りの風習は世界的にも見られるが、日本ではとくに修験道の行場などで岩の間の狭い空間を潜り、生まれ変わりを疑似体験することが山伏の峰入り修行で必須の修行になっている。

また、長野の善光寺の本堂の地下に「お戒壇《かいだん》」と称する真っ暗な通路がある。参詣者はお戒壇巡りと称して、この通路を進み、中ほどの本尊（絶対秘仏）をまつった瑠璃壇《るりだん》の直下にある錠前に触れると、本尊の阿弥陀如来と結縁《けちえん》（深く縁を結ぶこと）して、極楽往生が約束されるという。このお戒壇巡りも胎内巡りで、ここを通ることによって阿弥陀如来と結ばれて新たな生を受けるとされているのだ。

胎内は山中の巨岩の間の狭い通路や鍾乳洞のような洞窟、あるいは善光寺のように人工的に作られたものなど、さまざまな種類がある。

富士山の胎内巡り

富士山の「お胎内」は噴火によって流れ出した溶岩が作り出した自然の洞穴である。そして、富士山の洞窟はその生成過程によって「溶岩洞穴《どうけつ》」と「溶岩樹型《じゅけい》」に分けられる。

まず溶岩洞穴は次のような生成過程をたどる。噴火によって流れ出した溶岩は、地表部分と表面が冷えやすく、中の温度はなかなか下がらない。そこで、地表部分と表面が固まり、中心部の溶岩は流れ続け、結果的に内部に空洞ができる。その空間に溜まった火山性

鳴沢氷穴

この氷穴は溶岩が流れ出たあとにできた空洞で、洞穴の中には年間を通して氷柱が見られる。

のガスが表面を破って入口ができるのだ。このようにしてできたのが溶岩洞穴で、「風穴」とか「氷穴」と呼ばれている。

また、溶岩樹型とは、溶岩が山麓の森林を流れる過程でできたものだ。流れ出した溶岩は樹木をなぎ倒して進む。溶岩の樹木に接した部分は急速に冷えて固まり、同時に樹木は燃え尽きて空間ができる。これが溶岩樹型で、これもガスが表面を破って入口ができる。

古くから富士山麓には世界文化遺産の構成資産となっている船津《ふなつ》胎内樹型と吉田胎内樹型のほか、印野《いんの》胎内、瓢箪《ひょうたん》権《ごん》野《の》胎内、西念寺丸尾胎内、雁穴丸尾胎内、須走《すばしり》胎内、精進胎内の八か所が「富士八胎内」として知られている。

そのほか、山麓には西湖蝙蝠《こうもり》穴、富岳風穴、鳴沢《なるさわ》氷穴、印野胎内、駒門風穴などの洞穴があり、有料（一五〇円〜三〇〇円程度）で入ることができる。

ところで前項で紹介した人穴は溶岩洞穴で、胎内の一種と考えられる。しかし、人穴は浅間大神の御在所としての信仰が強く、さらには富士講の祖・長谷川角行の入定の場で、聖地としての信仰が強い。

船津胎内樹型（世界文化遺産）

一七世紀に角行が発見

吉田胎内とともに吉田口登山道の近くにある船津胎内は、富士講信徒によって聖地として崇められてきた。

この胎内は一七世紀のはじめ、富士講の祖、長谷川角行が発見し、洞穴内に浅間大神をまつったと伝えられている。その後、延宝《えんぽう》元年（一六七三）に長谷川角行の直弟子で、富士講の指導者として活躍した村上光清が船津胎内樹型のさらに奥に大規模な溶岩樹型を発見し、そこに浅間大神を勧請し、さらに胎内の入口を覆う形で無戸室《うつむろ》浅間神社の社殿を建立した。

明治二五年（一八九二）に吉田胎内樹型が発見されると、船津胎内は「旧胎内」と呼ばれるようになった。

胎内の内部

胎内は、洞穴を人間の身体の内部にたとえている。洞穴に入ると、まず「肋骨《あばら》」という、人の肋骨《ろっこつ》によく似た樹型が現れる。その先に盲腸、盥石《たらい》があり、ヘアピン状のカーブを左に入ると母の胎内がある。母の胎内の奥には木花開耶姫命《このはなのさくやひめのみこと》（浅間大神の化身）がまつら

船津胎内樹型

船津胎内樹型は富士河口湖町にある。

コラム

かつて配られていた女神のお札

かつて船津胎内では「女神御影」というお札が配られていた。弓矢を持ち、背中に孔雀が尾羽を広げたようにたくさんの矢を背負い、武装した美しい女神の姿が描かれたもので、上方に「北口御胎内璽《じ》」、下方には「富士山旧胎内」の印が押されている。

この武装した女神は『古事記』『日本書紀』の神話に登場する天照大御神の姿と考えられる。轟音を轟《とどろ》かせて昇天してくる弟の須佐之男命《すさのおのみこと》が高天原を乗っ取りに来たに相違ないと考えた天照大御神は千本もの矢の入った靫《ゆぎ》（弓を入れる武具）を背負って弟の到来を待ちうけたという記述がある。

「女神御影」がいつごろから配られていたのかはハッキリしない。しかし、「富士山旧胎内」の印があるから、明治25年の吉田胎内樹型の発見以降に配られるようになったことは確かだ。明治以降、国家神道の時代になると、天照大御神は絶対的な神として崇められるようになった。そして、日清戦争や日露戦争を前にして武装した美しい絶対神に武運長久を祈ったのかもしれない。

れ、その前に乳房、女陰石という女陰の形をした石がある。

母の胎内を出て左に進むと、瓊瓊杵命《ににぎのみこと》がまつられており、直進すると父の胎内が続き、行き止まりになった最奥部に子育観音がまつられている。父の胎内を出て右に進むと出口だ。

木花開耶姫命と瓊瓊杵命

瓊瓊杵命は高天原《たかまがはら》から日向《ひゅうが》（現在の宮崎県）の高千穂の峰に降臨した、天照大御神《あまてらすおおみかみ》の直系（天孫）で、絶世の美女として知られる木花開耶姫命と結ばれて三人の子どもを設けた。木花開耶姫命は産屋に火を放って火中で無事出産したということから、近世になって富士山との関連で信仰され、江戸時代ごろからは浅間神社の祭神としてまつられるようになった。

胎内巡りの目的はさまざまだが、安産祈願をするのも胎内巡りの大きな目的の一つである。そして、胎内に木花開耶姫命と瓊瓊杵命をまつったのは夫婦相和して、無事に子どもを出産するようにとの願いが込められている。

印野胎内

修験道の道場として発展

印野《いんの》胎内は富士山の東麓に位置し、胎内のうち最も古いとされ、傍らにまつられている御胎内神社は弘法大師空海が弘仁《こうにん》年間（八一〇〜八二四）に創祀した神《しん》仏習合《ぶつしゅうごう》の社と伝えられている。

このあたりは宝永大噴火の際に流れ出した溶岩流が固まり、後に永年の歳月をかけて樹木が生い茂って見事な樹林帯になっている。静岡県名勝百選にもなっている御胎内清宏園《せいこうえん》の一画にあり、御胎内温泉という温泉もある。

印野胎内が富士講の信徒の間で知られるようになり、講の人々で賑わうようになったのは享保年間（一七一六〜三六）以降のことである。中世以降、それまでの間はもっぱら富士山に登拝する修験者《しゅげんじゃ》（山伏《やまぶし》）の道場として重きを置かれていた。

修験者たちは毎年、旧暦七月一六日から八月一六日までの夏の峰入りのとき、富士登拝を前に吉田胎内に詣でて安全祈願などをし、登拝後に再び立ち寄って柴《さい》

御胎内神社

自然豊かな御胎内清宏園の中にある御胎内神社の鳥居。

燈《とう》護《ご》摩《ま》（野外で焚《た》く大きな護摩）などを焚いて天下太平、五穀豊穣などを祈願した。

神仏習合時代の中心は、密教の主尊を納めた印野大日堂で、印野胎内の中には「子育不動明王」がまつられていた。他の胎内と同様、ここも安産、子育てに霊験あらたかと信じられていたのである。

しかし、江戸時代になって富士講が最盛期を迎えると、船津胎内などの胎内巡りが講の人々の間で盛んになった。その結果、印野胎内も修験者のみの行場でなく、講の人々に広く開放されることになったのである。

印野胎内

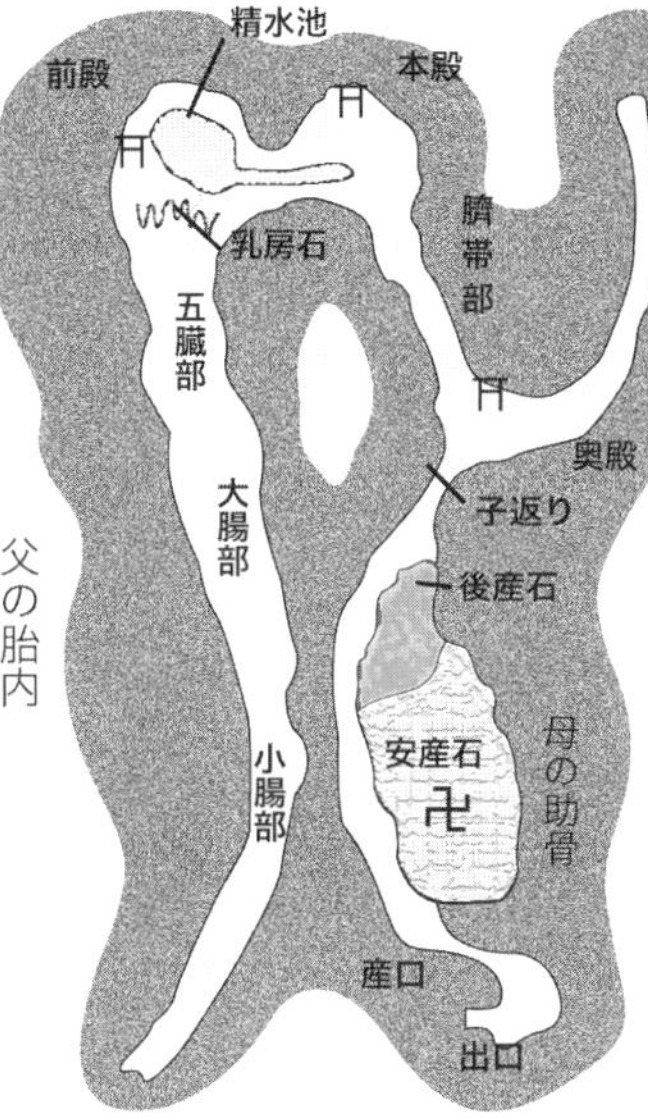

印野胎内の案内図。

胎内内部

他の胎内と同様、内部は人間の内臓などになぞらえられている。堂内に入ると先ず、「小腸部」と呼ばれる高さ一メートルほどの狭い洞内を進む。それが終わって広くなったところが「大腸部」で、ここまでを「父の胎内」と呼んでいる。この父の胎内から先が「母の胎内」で、まず最初に「乳房石」という鍾乳石がある。そして、この乳房石の向こうに前殿と本殿があり、前殿には日本の山の神の大元締めで、木花開耶姫命の父親である大山祇神《おおやまつみのかみ》が、本殿には子育て不動明王がそれぞれまつられている。

本殿から「臍帯部《さいたいぶ》」と呼ばれる道を進むと奥殿があり、そこから直進する道と左に行く道に分かれる。左に行く道は行き詰まりになっていて進むことができない。直進して「子返り」という狭いところを通ると、左手に「後産石」、その先に「母の肋骨」と呼ばれる壁があり、「安産石」という平石があって出口の「産口」に至る。胎内の長さは約六八メートルだ。

その他のお胎内

吉田胎内（世界文化遺産）

平安時代中ごろの承平《しょうへい》七年（九三七）に富士山が噴火した際に流れ出した溶岩流の東端に形成されたのが吉田胎内樹型で、船津胎内とともに吉田口登山道の近くにあり、富士信仰の中心的な役割を果たしてきた。

吉田胎内

吉田胎内の入口には、吉田胎内神社がある。

前述のように、この胎内樹型が発見されたのは明治二五年のことだが、江戸時代に著された『富士日記』という書物には「此門霊窟也」として吉田胎内樹型の入口の絵が描かれており、すでに江戸時代に入口が確認されていたことが分かる。発見以降、吉田胎内を「新胎内」、船津胎内を「旧胎内」と呼ぶようになった。

平安時代の噴火の際、このあたりで固まった溶岩は厚さ三メートルに達するといわれ、なぎ倒されて燃え尽きた樹木が複雑な竪穴や横穴を形成している。周辺には二〇以上もの洞穴入口があり、六〇以上の溶岩樹型がある。これらの樹型は「吉田胎内樹型群」として一括して国の天然記念物に指定されている。

吉田胎内は普段は非公開だが、毎年、四月二九日の「胎内祭」の日には御師の先導で中に入ることができる。胎内の奥には木花開耶姫命がまつられており、やはり安産や子育てなどの霊験があるとされている。

須走胎内

「富士八胎内」の一つで、須走口登山道の六合目、標高二六三〇メートルのところにあり、最も標高の高い所に位置する胎内である。須走胎内は富士山東口胎内神社の神域にあり、胎内入口の傍らに富士山東口胎内神社の碑がたっている。

今は立ち入り禁止になっていて、中の様子を窺うことはできない。しかし、戦前までは入口に鳥居が建っていて、中に入ることができたようだ。

ここも安産、子育ての御利益があるとして信仰され、かつて配られていたお札は、富士山の上部を線書きし、その下に右から左の横書きで「安産」、その下に「玉《たま》與里比賣命《よりひめのみこと》」と縦書きし、その下の頭巾を被り、乳房を露わにした老婆が右立て膝をして坐っている。

この老婆は初代現神《あらひとがみ》・神武《じんむ》天皇の生母で、『古事記』『日本書紀』の神話に登場する玉依姫命《たまよりひめのみこと》である。神話には、神武天皇が大和に入って日本の国土の基を作ったとある。その神武天皇を生んだ偉大な母にあやかって、安産を祈願したのだろう。このお札も、船津胎内の「女神御影」という武装した天照大神を描いたお札と同じく、明治の国家神道の影響で作られたものだろう。明治になって天皇が元首になると、その初代、神武天皇は一躍クローズアップされることになり、その生母の玉依姫命も信仰の対象になったのである。

精進胎内

ここも「富士八胎内」の一つで、多くの洞穴が点在する青木ヶ原樹海の中にある。「精進御穴日洞」と呼ばれ、近くには「月洞」、「蛇洞」などがある。

江戸時代の末の天保《てんぽう》三年（一八三二）に、神奈川の富士講の誓行徳山という先達がこの胎内で断食して入定したところで、徳山の墓所もある。

須山胎内

須山口登山道の一合目、標高一四五〇メートルのところにある。長さ六〇メートルほどの洞穴で、昭和の初期から訪れる人もなく、一時は塞がっていたが、近年になって須山登山歩道保存会の手によって復活した。かつて洞穴の最奥部に木花開耶姫像が御神体としてまつられていたというが、その像は行方不明になっていた。しかし、須山胎内を復活したときに新たに石像を造ってまつった。

富士五湖（世界文化遺産）

富士五湖のなりたち

山中湖、河口湖、西湖《さい》、精進湖《しょうじ》、本栖湖《もとす》の五つの湖は「富士五湖」で、国の名勝に指定されている。

今から約九〇〇〇年前の噴火によって麓の川が堰《せ》き止められ、「宇津湖」と「剗《せ》の海《うみ》」という二つの湖が誕生した。

その後、延暦《えんりゃく》一九年（八〇〇）から同二一年の噴火で、宇津湖が現在の山中湖と忍野八海《おしのはっかい》の元になる忍野湖に分かれた。忍野湖はやがて乾いて消滅し、いくつかの湧出口だけが小さな湖（池）となって残った。これが忍野八海だ。

いっぽう、剗の海は延暦の噴火で本栖湖が分かれた。それから半世紀余りを経た貞観《じょうがん》六年（八六四）の貞観の大噴火で西湖と精進湖に分かれた。本栖湖と西湖と精進湖は、もとは一つの大きな湖で、三湖は湖底でつながっている。だから、三湖の水位はほぼ同じなのである。

忍野八海は「出口池《でぐちいけ》」「お釜《かま》池」「底抜《そこなし》池」「銚子《ちょうし》池」「湧《わく》池」「濁《にごり》池」「鏡《かがみ》池」「菖蒲《しょうぶ》池」の八つの池で、いずれも国の天然記念物に指定されている。富士五湖と忍野八海はともに世界文化遺産の構成資産に登録されている。

富士五湖

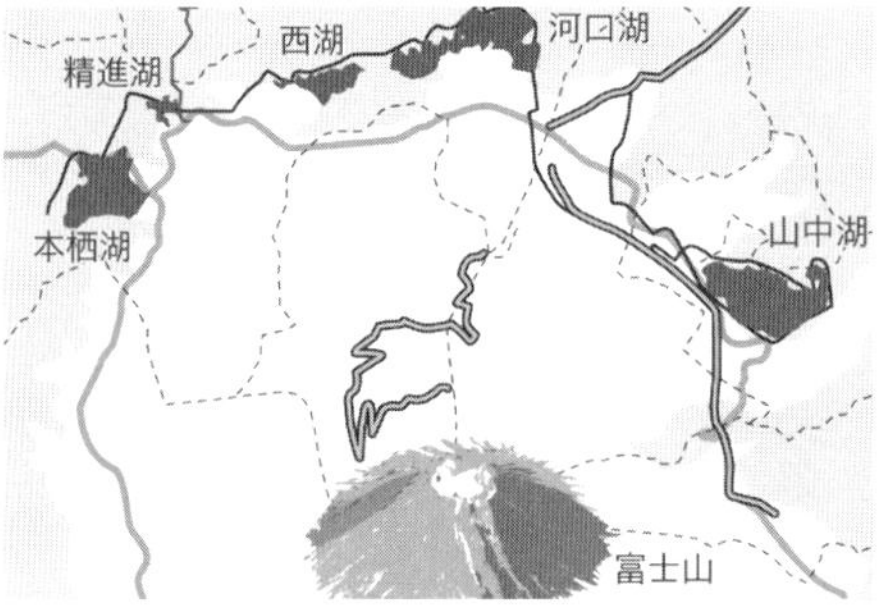

富士五湖は富士山の噴火によりできた堰止湖《せきとめこ》。

「富士五湖」の名称の由来

もともと今の富士五湖は忍野八海も含めて「富士八

海」と呼ばれていた。「富士五湖」という名称は意外にも昭和のはじめに命名されたものである。

　昭和二年（一九二七）、東京日日新聞と大阪毎日新聞（現毎日新聞）は鉄道省の後援で「日本新八景」と銘打って、日本各地の山岳や湖沼、河川、温泉などの景勝地をハガキ投票で決めるという企画をした。

　このとき、富士北麓の湖も本栖湖や山中湖など各々単独で投票の準備を進めていたが、当時は知名度が低く、バラバラの投票では効果が上がらないと考えた。

　そこで、富士急の前身の富士山麓電気鉄道の初代社長だった堀内良平が名案を思い付き、五つの湖を総称して「富士五湖」としたのである。堀内はすぐに新聞社に行って「富士五湖」の名で投票することの了解を得た。

　二年後に大月―富士吉田間の路線営業を控えていた堀内は富士北麓観光の目玉商品が欲しかったのだ。そこではたと閃《ひらめ》いたのが「富士五湖」だった。

　堀内は自社の株主に一株一票の投票を呼び掛けるなど精力的に動いた。その結果、富士五湖は三六〇万票もの得票を得、湖勝部門の日本一となった。また、投票とは別に審査の結果、富士五湖は「日本二十五勝」にも選ばれ、日本を代表する景勝地としてのお墨付きを得たのである。

千円札の撮影地

本栖湖から眺めた富士山の雄姿は、千円札の図柄として採用されている。

富士八海の信仰

信仰の対象としての富士八海

富士山頂の八つの峰は胎蔵界曼荼羅《たいぞうかいまんだら》の「中台八葉院《ちゅうたいはちよういん》」にたとえられ、信仰の対象になっている。

また、富士山の形は八の字型。八は末広がりで日本人が好むラッキーナンバーだ。そこで、古くから富士山麓の呼称を「富士八海《はっかい》」とし、これを巡ることが富士登拝とともに重要な修行と位置付けられたのである。

この富士八海を信仰の対象とし定めたのは富士講の開祖である長谷川角行《かくぎょう》と、その中興の祖として知られる食行身禄《じきぎょうみろく》であるといわれている。

二人は八海を巡拝して水垢離などの修行をしたと伝えられている。つまり、角行や身禄が活躍した江戸時代ごろから富士八海巡りが盛んになったと考えられているのだ。

富士八海の「八海」については異説があるが、角行と身禄がともに挙げているのは山中湖、河口湖、西湖、精進湖、本栖湖である。

なお、富士山麓の湖沼を「内《うち》八海」といい、その外に琵琶湖や諏訪湖などの「外《そと》八海」というものが挙げられている。

「内八海」

富士講の聖典とされる身禄の『三十一日之御伝』には内八海として、明（明見湖《あすみこ》）、山中（山中湖）、船津（河口湖）、西之海（西湖）、庄司（精進湖）、本栖（本栖湖）、仙水（泉瑞《せんずい》）、志尾礼（四尾連湖《しびれこ》）を挙げており、「其外《そのほか》に外八海あり」としている。

内八海には今の富士五湖が含まれている。他の三つの湖沼は小さな池のようなものである。このうち明見湖は富士吉田市にあり、葛飾北斎《かつしかほくさい》の『富嶽百景《ふがくひゃっけい》』にも描かれている。今は明見湖公園として整備され、湖畔に北斎の碑が建っている。夏にはハスの花で埋め尽くされることで有名だ。

仙水（泉瑞）は吉田口登山道の近くにある。源頼朝が富士山麓で狩りをしたとき、家来の喉の渇きを癒《いや》すために浅間大神に祈ったところ、水が湧き出したという話がある。

内八海の所在地

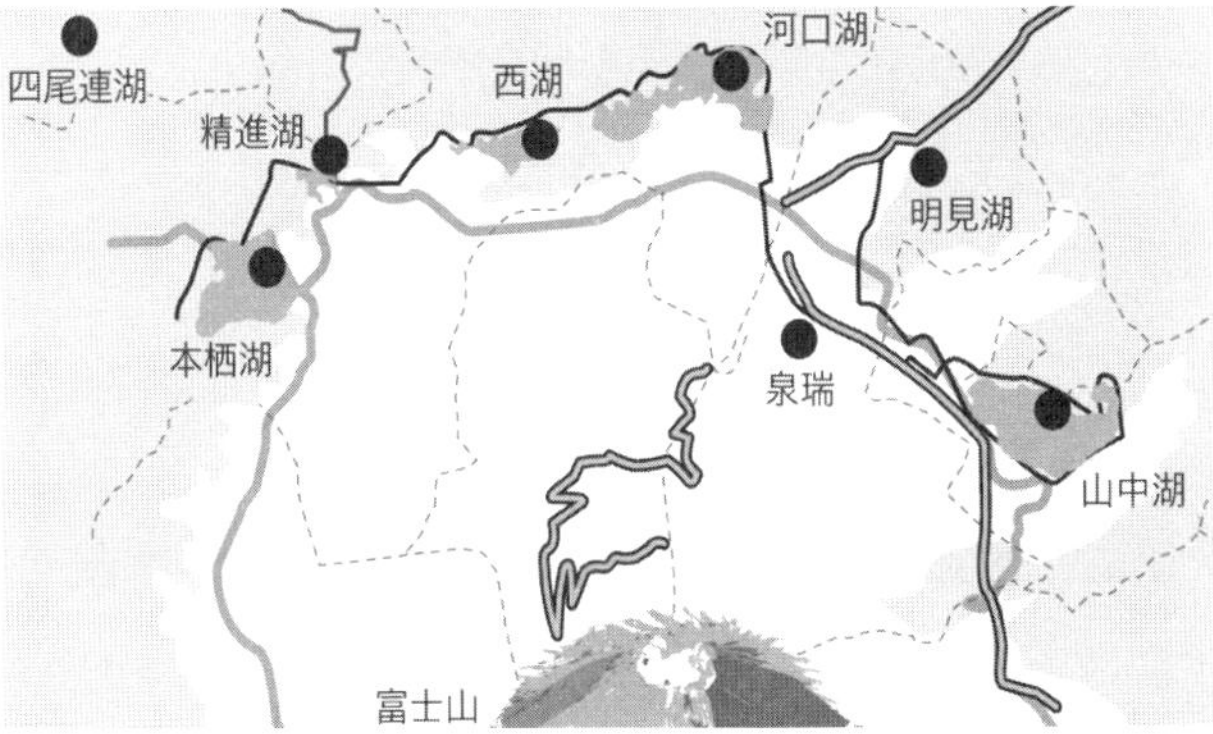

富士八海のうち、富士山麓の湖沼は内八海と呼ばれる。

四尾連湖は甲府盆地の南方、御坂山地の西端にある蛾ケ岳《ひるがだけ》の山頂付近にある山上湖で、志比礼湖、神秘麗湖とも書かれた。古くから水神として信仰され、雨乞いの湖として知られている。四尾連の名はこの湖に四つの尾を持つ龍が棲んでいるという伝説に由来する。

また、これらの八つの湖沼には「八大龍王」が棲《す》むといわれている。八大龍王は仏教で信仰されている八尊の龍王で、日本では古くから水神として各地にまつられてきた。忍野八海にもそれぞれ八大龍王がまつられている。

「外八海」

外八海は文字通り富士山の外にある湖沼だ。二見《ふたみが》浦《うら》、琵琶《びわ》湖、芦《あし》ノ湖、諏訪《すわ》湖、榛名《はるな》湖、中禅寺湖、桜ケ池、霞ケ浦の順に巡る。

二見浦は伊勢神宮から遠からぬ場所で、海に浮かぶ夫婦岩《めおといわ》と呼ばれる二つの岩の間から美しい日の出が見られることで良く知られている景勝地で、八海の中では唯一の海水の海だ。

琵琶湖は日本一の大きさを誇る湖。芦ノ湖は箱根神社の聖域にあり、雄大な富士の姿を間近に臨むことができる。諏訪湖は信州の諏訪大社の聖域。榛名湖には榛名富士という富士山によく似た美しい山容の山が聳《そび》え、日光の中禅寺湖は男体山《なんたいさん》の堰止湖《せきとめこ》で、古くから観音が現れる聖地とされている。桜ヶ池は佐倉湖ともいわれ、静岡県の御前崎《おまえざき》にある小さな池だが、古くから聖地とされ、地畔には龍神をまつる池宮神社がある。茨城県の霞ヶ浦は琵琶湖に次いで日本で二番目の湖水面積を誇り、古くから鹿島・香取両神宮の聖域とされていた。

外八海の所在地

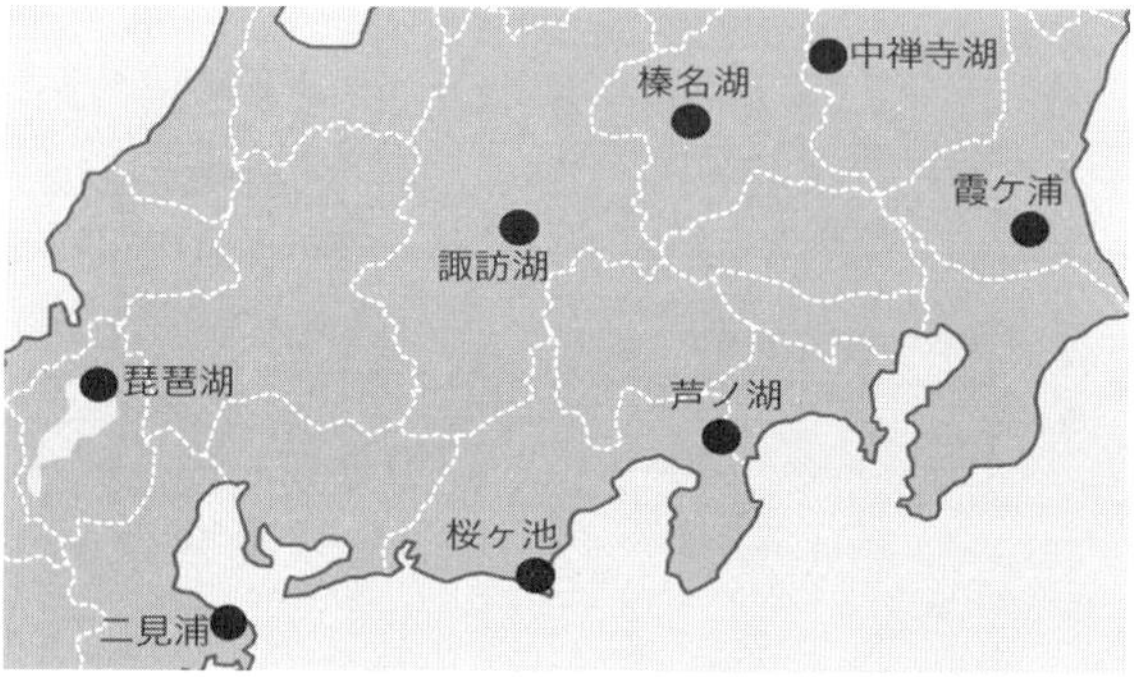

外八海は広い範囲に点在している。

このように、外八海は北関東から西日本に及ぶ広範な地域に点在し、外八海巡りには二カ月以上かかったという。江戸時代に西国三十三観音霊場巡りや伊勢参拝が盛んになると、湖畔に観音霊場を擁する琵琶湖や伊勢に近い二見浦の名が広く知られるようになり、外八海になったと考えられる。

八海にまつられた八大龍王とは

『法華経《ほけきょう》』に登場する八尊の龍神で、仏教の教えとその信者を護るという。『法華経』には難陀《なんだ》龍王、跋《ばつ》難陀龍王、沙伽羅《しゃがら》龍王、和修吉《わしゅきつ》龍王、徳叉迦《とくしゃか》龍王、阿那《あな》婆達多《ばだった》龍王、摩那斯《まなし》龍王、優鉢羅《うはつら》龍王の名で登場する。「龍」は蛇のことで、インドではとくにキングコブラを指す。蛇を神聖視する「蛇神信仰《じゃしんしんこう》」は世界の広い地域で見られる。そして、蛇は水を司ると考えられ、水辺に蛇神（龍神）をまつる風習が広く分布している。

富士八海にも内八海、外八海ともに八大龍王がまつられているが、『法華経』に登場する龍王とは名前が違う。

まず、内八海の泉瑞では「御手洗《みたらい》龍王」、山中湖は「諸作《しょさ》龍王」、明見湖は「足明《あしたみ》龍王」、河口湖は「水口《みなぐち》龍王」、西湖は「青木《あおき》龍王」、精進湖は「出世《しゅっせ》龍王」、本栖湖は「古根《ふるね》龍王」、四尾連湖は「尾崎《おざき》龍王」の名がある。

桜ヶ池のお櫃納め

毎年、秋の彼岸の中日（秋分の日）に行われる奇祭。池宮神社の氏子である青年たちが、祭日3日前から精進部屋にこもって準備を進める。

また、外八海は二見浦が「二柱《ふたはしら》龍王」、琵琶湖は「身丈《みのたけ》龍王」、芦ノ湖は「白日《はくじつ》龍王」、諏訪湖は「星ノ《ほしの》龍王」、榛名湖は「村雨《むらさめ》龍王」、中禅寺湖は「豊之《とよの》龍王」、桜ヶ池は「待合《まちあい》龍王」、そして、霞ケ浦は「要之《かななめ》龍王」となっている。

これらの龍王には雨乞いや止雨（雨を止ませること）の祈願が行われ、今も毎年、神事や祭事が行われている。

コラム

桜ヶ池の奇祭

桜ヶ池には龍神にまつわる次のような伝説が語り継がれており、その伝説にちなんだ祭が行われている。平安時代の末、比叡山《ひえいざん》の皇円《こうえん》という僧侶が弥勒《みろく》菩薩に教えを乞いに行くといって池に潜っていった。その後、皇円は桜ヶ池の龍神になったと信じられている。以降、秋の彼岸の中日にお櫃《ひつ》に赤飯を詰めて池に鎮めて龍神に供える神事が行われるようになった。龍神が赤飯を平らげて空になったお櫃が、数日後に湖面に浮かび上がってくるという。

これが今も毎年、彼岸の中日に行われている「お櫃納め」という奇祭だ。

忍野八海（世界文化遺産）

八海の概要

かつて存在していた忍野湖が干上がって、八つの湧水口だけが池として残ったのが忍野八海である。

かつては富士講徒は富士八海の内八海、外八海に対して、「小八海」「元八海」などと呼んでいた。

八海にはそれぞれ龍王がまつられ、各霊場の御詠歌《ごえいか》（和歌）が決められている。

第一の霊場は「出口池《でぐちいけ》」で忍野八海の中でいちばん大きい。面積は一四六七平方メートル、深さは約五〇センチ、湧水量は毎秒二六五リットルである。八大龍王のうち難陀《なんだ》龍王をまつり、地畔には出口稲荷の社がある。御詠歌は「あめつちの　開ける時ゆ　うごきなき　おやまのみつの　出口たうとき」。

第二の霊場は「お釜《かま》池」。面積二四平方メートル、水深約四メートル、毎秒の湧水量は一八リットルである。跋難陀《ばつなんだ》龍王をまつり、御詠歌は「ふじの根の　ふもとの原に　わきいづる　水は此の世の　おかまなりけり」。

第三の霊場、「底抜《そこなし》池」の面積は二〇八平方メートル、水深約一・五メートル、毎秒一五六リットルの湧水量だ。沙伽羅《しゃから》龍王をまつる。「くむからに　つみはきえなん　御仏の　ちかひぞふかし　そこぬけの池」が御詠歌。

第四の霊場の「銚子《ちょうし》池」は面積七九平方メートル、深さ約三メートル、間欠的な湧水で、湧水量は毎秒二リットルである。和修吉《わしゅきつ》龍王をまつる。銚子の名は「長柄の銚子」、つまり、柄の長い銚子に似ていることに由来する。御詠歌に「くめばこそ　銚子の池も　さはぐらん　もとより水に波のある川」と詠われている。

第五の霊場は「湧《わく》池」で、面積は一五二平方メートル、深さは約四メートル、毎秒二二〇〇リットルと忍野八海で最大の湧水量を誇る。この池は水中洞窟を持つことが最大の特徴で、池から延びた洞窟内に水を満たしている。徳叉迦《とくしゃか》龍王をまつり、「いまもなほ　わく池水に　守神のすへの　世うけて　かはれるぞしる」が御詠歌。

第六の霊場は「濁《にごり》池」で、面積は三六平方メートル、水深約五〇センチ、毎秒四一リットルの湧水量だ。阿《あ》那婆達多《なばだった》龍王をまつり、部分的に濁ったところがあることから濁池の名がある。「ひれならす　龍の都の　ありさまを　くみてしれとや　にごる池水」と詠《うた》われている。

第七の霊場は「鏡《かがみ》池」で、面積一四四平方メートル、水深三〇センチ、湧水量は季節によって変化する。水は濁っているが、池面に富士山がきれいに映ることからこの名がある。「そこすみて　のどけき池は　これぞこの　しろたへの雪の　しづくなるらん」と詠われている。麻那斯《まなす》龍王をまつる。

第八の霊場は「菖蒲池」で、面積は二八一平方メートル、水深五〇センチ、この池の湧水量も季節によって変化する。周囲に菖蒲が繁茂していることからこの名がある。優鉢羅《うはつら》龍王をまつり、「あやめ草　名におふ池は　くもりなき　さつきの鏡　みるここちなり」と詠われている。

小さな池がなぜ世界文化遺産に？

忍野八海はいちばん小さい「お釜池」の面積は二四平方メートル。畳一五畳ほどである。いちばん大きい「出口池」でも一四六七平方メートルで、富士五湖の中で最も小さい精進湖の五〇〇〇平方メートルと比べても非常に小さいことが分かる。

こんな小さな池がなぜ世界遺産の構成資産になったのか。しかも、忍野八海のある地域には他にも多くの池があるのに、なぜ忍野八海だけが選ばれたのか。

それは八海が古くから富士信仰の対象であり、富士登拝や胎内巡り、富士八海巡りと共に忍野八海を巡ることは重要な修行とされたのだ。人々は各池を巡って定められた御詠歌を詠い、それぞれの池に棲《す》むという龍王に五穀豊穣や災厄除け、無病息災などの祈願をしてきたのである。そういった文化の遺跡として世界文化遺産に登録されたのだ。

三保松原（世界文化遺産）

三保松原と天女伝説

三保松原《みほのまつばら》は静岡県清水区の三保半島にある松林で、日本新三景、日本三大松原、国の名勝に指定されている。『万葉集』をはじめ、数々の歌に詠われ、文学にも登場する景勝の地として知られ、歌川広重《うたがわひろしげ》も描いている。

富士山の雄大な山容を望むことができる絶好のヴューポイントとしても、古くから多くの人々に親しまれている。富士曼荼羅にも最前列に三保松原を描き、背後に雄大な富士山の姿が描かれている（122ページを参照）。

また、その美しい景観は有名な「天女伝説」を生んだ。その昔、三保村の伯梁《はくりょう》という漁師が浜に出ると、美しい羽衣が松の木に引っかかっていた。その羽衣は三保松原の美しさに惹《ひ》かれて舞い降りた天女が、水浴びをする際に松の木にかけておいたものだった。

いっぽう、羽衣の美しさに惹かれた伯梁は、天女のものとも知らず、羽衣を持ち帰ろうとした。それに気づいた天女は慌《あわ》てて伯梁の前に姿を現し、無事、羽衣を返してもらった。天女はそのお礼に華麗な舞を舞ったという。

この話をもとにして『羽衣』という能ができた。毎年、一〇月に三保松原で『羽衣』の薪能《たきぎのう》が演じられる。また、近くには天女伝説に基づく「羽衣の松」がある。

羽衣の松

御穂神社から南に続く松並木にある「羽衣の松」。

文化遺産の構成資産

三保松原は世界文化遺産の構成資産として申請されたが、富士山頂から約四五キロメートル離れており、富士信仰などとの関わりがハッキリしないなどの理由で、構成資産として登録するか否かがユネスコの委員の間で論議された。

三保松原

7キロの海岸線に5万本以上の松が茂っている。

しかし、先にも述べたように数々の文学作品や絵画にも描かれ、不可欠な富士山麓の文化遺産として登録が決定したのである。

江戸時代まで、松林は三保半島全体を覆っていたことが、当時の様子を描いた絵図などから確認できる。この松原はもともと岬の真ん中に鎮座する御穂《みほ》神社の鎮守《ちんじゅ》の杜《もり》で、幕府の天領（直轄地）だったこともあり、伐採が厳しく禁じられていた。

しかし、明治になると伐採が行われ、台風などの被害もあって、少しずつ規模を縮小していった。

コラム

「羽衣の松」は御神体!?

本文でも紹介したように、岬の中央には御穂神社があり、その近くに「羽衣の松」がある。そして、この松は古くから当社の御神体として崇められてきたのである。御穂神社の祭神の三穂津彦命（大国主命《おおくにぬしのみこと》）とその妃神の三穂津姫命はこの松を依代《よりしろ》（神が降臨する場所、あるいはもの）としてこの地に降臨すると考えられていた。それが天女伝説と結びついて「羽衣の松」の名で呼ばれるようになったのである。

ちなみに初代の羽衣の松は宝永大噴火の際に海に沈んだと伝えられ、その後、二代目の羽衣の松が設定されたが、これも立ち枯れが進んだことから、2010 年に三代目が設定された。

遥拝所

遥拝所とは

遥拝所《ようはいじょ》とは遠くから神聖な場所を望む場所のことである。たとえば、八幡《はちまん》神社や稲荷《いなり》神社のように神霊を迎えてまつるということはない。そこで、各地に「〇〇皇大神宮《こうたいじんぐう》」などと称する遥拝所を設けて、遠く伊勢神宮を礼拝している。ふつう、神社は南向きに建てられるが伊勢神宮の遥拝所は伊勢神宮の方角に向いている。

同様に、富士山をはじめとする霊山にも、各地に山を望む遥拝所がある。

富士山の遥拝所

富士山麓には縄文時代の住居遺跡が多く発見されている。中でも静岡県富士宮市にある国指定史跡の「千《せん》居《ご》遺跡」は太古の遥拝所と見られている。約四〇〇〇年前の住居跡と考えられるこの遺跡には、富士山に向かって並行に参列の石組があることが発掘調査で確認された。この石組を中心に、富士山を御神体として何らかの祭祀が行われたものと考えられている。

同じく富士宮市にある山宮浅間神社は最古の浅間神社で、富士山本宮浅間大社の起源となった神社である（64ページを参照）。かつて日本武尊《やまとたけるのみこと》が東征の折、この地で富士山を拝し、道中の無事を祈願したという伝説の地である。鬱蒼《うっそう》とした杉木立の中に回りを玉垣で囲み、榊《さかき》の老木と火山弾と思われる石の磐座《いわざ》（神が降臨するとされる石）、祭祀の場所を区画した敷石があるのみで、社殿はない。ここで富士山を遥拝して、祭祀が行われたと考えられている。

山梨県側の吉田口登山道の入口付近の「大塚山」「大塚丘《おおつかきゅう》」と呼ばれる小高い丘の上にも遥拝所がある。この遥拝所は日本武尊が東征の帰路に立ち寄り、富士山を遥拝して浅間大神に東征を成就したことを報告し、謝意を表したという。

富士山から遠く離れた遥拝所

富士山から遠く離れた関東近郊や新潟にも遥拝所がある。鎌倉の鶴岡八幡宮から東に徒歩で三〇分ほど行ったところに十二所《じゅうにそ》という場所がある。ここにはかつて鎌倉五山の一つだった浄妙寺という禅寺があり、その東側に「飯盛山《いいもりやま》」というこんもりとした山がある。この山がかつては富士山の遥拝所として知られていたという。

この山の南側には鎌倉公方《くぼう》（室町時代の鎌倉府の長官。足利尊氏《あしかがたかうじ》の子孫が代々この職を世襲して関東一〇国を支配した）の屋敷があり、公方もここに登って富士山を遥拝したという。

近年、たいへんなブームになっている高尾山（東京都）。この山頂近くに「富士見台」と呼ばれる場所がある。ここは富士山の遥拝所で、かつてはここに浅間神社がまつられていた。

この浅間神社は天文年間（一五三二～一五五五）に北条氏康《ほうじょううじやす》がまつったと伝えられている。江戸時代に富士登拝が盛んになると、江戸の人々のあいだでは富士山、高尾山、そして、大山《おおやま》（神奈川県）に登る「三山詣」が流行したという。

今は訪れる人もほとんどないが、富士見台に向かう富士道という道には黒ボク（富士講徒が富士山から持って来た溶岩）の石垣が残っていて、当時の盛況ぶりが偲《しの》ばれる。

高尾山から見た富士山

高尾山（東京都）からも富士山を眺めることができる。

現在、浅間神社は富士見台から下った高尾山薬王院の奥の院の裏手に移されており、ここからは富士山は見えない。かつて富士見台にあった浅間神社は拝殿のみで、拝殿の奥に扉があり、これを開けると富士山を遥拝することができたという。

次に新潟県の苗場山《なえばさん》からも富士山を遥拝することができる。江戸時代の末に越後の地誌『北越雪譜《ほくえつせっぷ》』を表した鈴木牧之《ぼくし》（一七七〇〜一八四二）は『苗場山真景《なえばさんしんけい》之図《のず》』というものを残している。その図の中に、苗場山に登った牧之一行がはるかかなたに富士山を遠望している光景が描かれている。苗場山から富士山までは約一六五キロメートルの距離がある。おそらくこの山が富士山遥拝の北限だろう。

金剛證寺

朝熊岳金剛證寺は伊勢神宮の鬼門を守る寺としても知られている。

いっぽう、富士山遥拝の西の外れは三重県の伊勢にある。伊勢神宮の背後に朝熊山《あさまやま》という山があり、その中腹に金剛證寺《こんごうしょうじ》という寺がある。

この寺の奥の院に休憩所があり、冬の快晴の日にはそこから遠く富士山を望むことができるのだ。

古くから伊勢一円の人々の霊は死後、この朝熊山に鎮まるといわれ、奥の院までの昼なお暗い杉木立の参道には、大きいもので三〇センチ四方で高さ五〜六メートル、小さいものは一メートル弱の卒塔婆《そとば》が所狭しと立っている。

富士山を望むこの山は浅間信仰と結びつき、いつのころからか「朝熊」を「あさま」と読むようになったと考えられる。そして、今も伊勢では浅間信仰にまつわる祭が行われている。

◎第五章◎

絵画や文学に描かれた富士山

『万葉集』に詠まれた富士山

富士の美しさを讃える

『万葉集』には富士山を詠《うた》った一一首の歌が掲載されている。その中からいくつかの歌をご紹介する。

天地《あまつち》の　別れし時ゆ　神さびて　高く貴き
駿河《するが》なる　富士の高嶺を　天の原
振りさけ見れば　渡る日の　影も隠らひ
照る月の　光も見えず　白雲も　い行きはばかり
時じくそ　雪は降りける　語り継ぎ
言い継ぎ行かむ　富士の高嶺は　（山部赤人《やまべのあかひと》）

◆現代語訳

天と地が分かれてこの大地が誕生したときから、神々しく高く気高い駿河国の富士の山を、天に向かって仰ぎ見れば、太陽の光も隠れ、照る月の光も見えない。流れてきた白雲も富士山に行く手を阻まれ、年中、雪が降っている。このように神々しい富士山のことをいつまでも語り継いでいこうと思う。

田子の浦ゆ　うち出でてみれば　真白にそ
富士の高嶺に　雪は降りける　（山部赤人）

◆現代語訳

田子の浦から見晴らしの良いところに出て見ると、富士山は真白な雪に覆われていた。

山部赤人は奈良時代の役人で宮廷歌人と考えられている。聖武《しょうむ》天皇の行幸に随行し、自らも各地を旅して、山河などの風景を讃嘆した歌が多い。

赤人の歌は二首とも田子の浦で詠まれ、富士山がまだ真白な雪に覆われている時期に眺めたのだろう。

山部赤人の万葉歌碑

田子の浦港から富士山を望める場所に建立されている。

田子の浦港近くの公園に赤人の二首を刻んだ碑が立っている。今も田子の浦からは富士山を正面に臨むことができ、葛飾北斎《かつしかほくさい》も『富嶽三十六景《ふがくさんじゅうろっけい》』（１１８ページを参照）の中で、田子の浦から見た富士を描いている。

富士の嶺に　降り置く雪は　六月《みなつき》の十五日《もち》に
消《け》ぬれば　その夜降りけり（高橋虫麻呂《たかはしのむしまろ》）

◆現代語訳

富士山に降る雪は、毎年、六月一五日には消えるのだが、その夜からまた降り始めるのである。

作者の高橋虫麻呂は奈良時代の万葉歌人。藤原不比等の子どもで、藤原鎌足の孫にあたる藤原宇合《ふじわらのうまかい》が常陸守だったころに仕えた。そのため、常陸から駿河にかけての歌が多い。

この歌は富士山が余りにも高く、山上は寒冷なので、雪の降り終わりと降り始めの区別がつかないという意味だ。

我妹子《わぎもこ》に　逢うよしをなみ　駿河なる
富士の高嶺の　燃えつつかあらむ（作者不明）

◆現代語訳

あの娘に逢う機会がなかなかない。私の恋心は（噴火を繰り返す）富士山のように燃え続けていくのだろうか。

『万葉集』には「よみ人知らず」という作者不明の歌が多く収録されている。

富士山を詠んだ一一首のうち、作者が分かっているのは山部赤人と高橋虫麻呂で、後の六首は作者不明である。

作者不明の歌には、燃え盛る恋心を富士山になぞらえて詠んだものが多い。また、赤人や虫麻呂が富士の雄大さ美しさを讃嘆しているのに対し、作者不明の歌は噴火のエネルギーに着目しているものが少なくない。このことからも、この時代に富士山が噴火を繰り返していたことがよく分かる。

次の歌も高なる恋心を詠んだものだ。

富士山の美しさは万葉人を魅了した。

妹《いも》が名も　わが名も立たば　惜しみこそ
富士の高嶺の　燃えつつわたれ（作者不明）

◆現代語訳

あなた（女性）の名も私の名も、人の噂に立ったら口惜しいから、富士の高嶺のように恋に燃えて生きていこう。

富士の嶺の　いや遠長き　山道をも
妹がりとへば　けによばず来ぬ（作者不明）

◆現代語訳

富士山に登る道のりは長くて遠い。（それと同じように）遠い道のりもあなたのところに来ると思えば、息も切らさずにやって来たのだ。

奈良時代にはまだ富士山の登頂は行われていなかった。しかし、富士山の山容を望めば、山頂への道のりがいかに遠いか、容易に想像がついただろう。そんな遠くて険しい道も恋人に逢うためなら難なくやって来ることができるといった意味だ。

奈良時代、すでに人々の心には富士山への登頂という意識が芽生えていたのかもしれない。その意識が富士登拝の原動力となったことは間違いない。

コラム

富士山の終雪と初雪

富士山山頂の、これまでの8月の史上最低気温はマイナス6.8度。夏でも雪が降る環境にあるため、終雪と初雪の判断が難しい。そこで、富士山ではその年の最高気温、つまり山頂の一日の平均気温が最も高い「最高気温日」を基準にして、それ以降の雪をその年の初雪としている。だから8月に雪が降った場合、それが終雪か初雪かはすぐには判断できず、最高気温日が確定してから決まるのだ。温暖化が叫ばれる現代でも富士山頂は奈良時代と変わらないということか。

物語や風土記に描かれた富士山

富士の名の由来

日本最古の物語といわれる『竹取物語』は、竹の中から生まれた小さな女の子の物語だ。その子はかぐや姫と名付けられ、竹取の翁《おきな》とその妻に育てられて美しく成長する。そして、多くの男性から求婚されるが、難題をもちかけてことごとく断ってしまう。最後に帝《みかど》（天皇）が求婚するが、これも退ける。かぐや姫は月の世界の人で、昔の因縁があってこの国に来た。しかし、もう月の世界に帰らなければならないのだった。

姫は帰る前に帝にあてて手紙を認《したた》め、形見の品として不死の薬を贈る。しかし、帝はかぐや姫に逢えないで、悲しみの淵に沈んでいる自分には不死の薬など何の役にも立たないと嘆き、手紙と不死の薬を焼くように臣下に命ずる。

帝は側近の者から駿河の国にある高い山（富士山）

コラム

不老長寿の妙薬

中国の神仙思想は深山幽谷に籠もって仙人になることを目指すものである。山中で先輩の仙人から丸薬の製法を教えてもらい、厳しい修行を重ねながら妙薬作りに専念する。うまく妙薬ができるようになると、不老長寿で、空中を自由に飛翔することができる一人前の仙人になるという。

富士山には古くから仙人が棲むといわれるが、これも中国から伝えられた神仙思想にまつわるものだ。

また、『竹取物語』と類似の話は中国でも民間で伝承されているという。いずれにしても、そんな話が重なってかぐや姫の形見の品が不死の妙薬ということに落ち着いたのだろう。

が「都からも近く、天にも近い」と聞き、その山に勅使を遣わして手紙と薬を焼かせることにした。勅使に任ぜられた「つきのいわかさ」という人が多くのつわものを引き連れて富士山に登った。「士（つわもの）に富む」ということに由来して、富士という名がついたという。そして、富士山に噴煙が立っているのは形見の手紙と薬が今も燃えているからだ、と『竹取物語』は結んでいる。

古来、富士山は「富士」「不二」「不尽」「福慈」などさまざまな漢字で表現されている。『竹取物語』では現在、一般に用いられている「富士」の名の由来が語られているのである。

富士山に一年中雪が降る理由

先に紹介した『万葉集』の歌に、一年中、雪が降り続くと詠まれているように、富士山は万年雪で知られている。そして、奈良時代に編纂された『常陸国風土記』には、その理由が述べられている。

その昔、神祖《みおや》の尊《みこと》（神々の祖先の神）が諸国の神々のところを巡礼して駿河の国の「福慈《ふじ》の岳（富士山）」にやって来た。日が暮れたので一夜の宿を請うと、福慈の神は「今日は新嘗祭《にいなめさい》（神に新穀を供え、人間もそれを頂く祭）をして、家中で物忌《ものいみ》（穢《けが》れを避けること）をしておりますので、お泊めすることはできません」と断った。

無礼な対応をされた神祖の尊は憤慨して歎き悲しみ「私はお前たちの大元の祖先だというのにどうして泊めてくれないのか。お前の住む山はこれから夏も冬もずっと雪や霜が降り続け、寒さが厳しくて登る人もなく、誰も食べ物を献上しないだろう」と言った。

その後、神祖の尊は筑波《つくば》の岳（筑波山）に登り、この神に宿を求めた。すると筑波の神は「今日は新嘗祭をしておりますが、神祖の尊のお言葉とあれば喜んで承りましょう」と言って、たくさんの御馳走をして神祖の尊を歓待した。

喜んだ神祖の尊は「この筑波山には人々が大勢集い、食べ物も飲み物も豊かで、日々、栄え、楽しみは窮まって永遠に絶えることがないだろう」という歌を詠んで讃えた。

こんな訳で富士山は一年中、雪が降るのだという。

西行と富士山

煙が棚引く富士を詠む

鎌倉時代の歌人として名高い西行《さいぎょう》は、藤原氏の流れを汲む家柄に生まれ、上皇や法皇が住まう院の御所を警護する北面の武士となった。しかし、保延《ほうえん》六年（一一四〇）、二三歳の若さで出家し、歌人として多くの歌を残した。

彼が富士山を詠んで、会心の作と自賛したという次の歌が『新古今和歌集』に収められている。

風になびく　富士のけぶりの　空に消えて
ゆくえも知らぬ　わが思いかな

この歌には「あづまの方へ修行しけるに、富士の山をよめる」という詞書が添えられている。

平安時代末期の文治《ぶんじ》二年（一一八六）、西行はみちのく（東北）に下った。このころ、治承《じしょう》四年（一一八〇）に平氏によって焼き討ちにされた東大寺の再建事業が進められており、焼け落ちた大仏も鍍金《めっき》を施すために金が必要だった。西行は再建の大勧進を務めた俊乗坊《しゅんじょうぼう》重源《ちょうげん》の依頼で、藤原秀衡《ふじわらのひでひら》に金の寄進を請うためにみちのくに下ったのだった。その道中、駿河の国で富士山を望んで、詠んだのがこの歌だ。

この歌から平安時代の末の富士山には煙が棚引いていたことが分かる。しかし、その煙は風に流されてすぐに消えてしまったようだ。富士山は永保《えいほう》三年（一〇八三）に噴火して以来、室町時代中ごろまで噴火の記録がない。西行が行ったときには富士山の活動も小康状態だったのだろう。

富士山になぞらえた恋心

西行が富士山を詠んだ次のような歌が『源平盛衰記』

にある。

思いきや　富士の高嶺に　一夜寝て
雲の上なる　月を見んとは

西行は若いころ、身分不相応な高貴な女性に恋をし、一度はそれが叶《かな》えられたという伝説がある。だとすれば、この歌にある「富士の高嶺」は高貴な女性、「一夜寝て」はその思いが一度は叶ったことを意味する。そして、その恋もすぐに破れ、今は雲の上の月のような高嶺の花に思いを寄せて悶々とするばかりだという気持ちも表されているのだ。

また、『源平盛衰記』には西行が出家した理由について「西行発心の起こりを尋ぬれば、源は恋ゆゑとぞ承る。申すも恐れある上臈女房を思い懸けまゐらせたりける」とある。

これに従えば、最初に挙げた「風にたなびく……」の歌も西行が高貴な女性に寄せた恋心を詠んだ歌であるということができる。

悶々とした恋心は富士山の煙のように行方も知れず空しく消えてゆく。そんな心情を吐露した歌と理解することができる。

コラム

西行の旅

若くして出家した西行は諸国を旅したことでも知られている。西行が最初に東北を旅したのは天養《てんよう》元年（1144）、26歳のときのことと伝えられている。そして、2度目の奥州下りが文治2年（1186）のことと伝えられ、このとき西行は68歳だった。

源頼朝が音頭をとって、焼け落ちた東大寺の再建を進め、その大勧進をつとめたのが俊乗坊重源だ。西行は重源の依頼を受け、産金地の奥州藤原氏に砂金の寄進を願うという重責を担って旅に出た。西行が往復に利用したのは今の東海道とほとんど同じ街道だ。行きは富士山を左に、帰途は右に眺めながらの旅だった。

この旅の途次、西行は鎌倉で頼朝に面会したことが『吾妻鏡』に見えている。

『富嶽三十六景』と『不二三十六景』

葛飾北斎の代表作

各地から望んだ富士山を描いた『富嶽三十六景』は葛飾北斎（一七六〇～一八四九）の代表作。「富嶽」とは富士山のことで、文政《ぶんせい》六年（一八二三）ごろから制作がはじまり、天保《てんぽう》二年（一八三一）ごろから木版の刊行がはじまった。

当初は「三十六景」で企画されたが、刊行されると好評を博し、一〇枚を追加して四六枚になった。追加の一〇枚は「裏富士」と呼ばれている。

『富嶽三十六景』が世に出たのは、北斎が七〇歳を過ぎてからのことだが、この作品によって北斎は絵師としての地位を不動のものにした。また、当時は「役者絵」や「美人画」の浮世絵がもてはやされていたのだが、『富嶽三十六景』が描かれたことによって「名所絵」と呼ばれる風景画が人気を博するようになった。

コラム

描かれた富士山の角度

「富士には月見草がよく似合ふ」という一文で知られる太宰治《だざいおさむ》の短編小説『富嶽百景』の冒頭に「富士の頂角（見上げた場所から頂上までの角度〈著者注〉）、広重の富士は八十五度、文晁《ぶんちょう》の富士も八十四度くらゐ、けれども、陸軍の実測図によつて東西及南北に断面図を作つてみると、東西縦断は頂角、百二十四度となり、南北は百十七度である。広重、文晁に限らず、たいていの絵の富士は、鋭角である。（中略）北斎にいたつては、その頂角、ほとんど三十度くらゐ（後略）」という文章がある。そして、太宰は「実際の富士は、鈍角も鈍角」といいい、江戸時代の絵師たちが日本一の富士山の高さを強調するために富士山をいかにデフォルメして描いたかと、皮肉っている。

当時としては画期的な遠近法を駆使した大胆な構図は北斎の比類なき才能を示したもので、後に海外にも紹介されてゴッホやセザンヌなど、印象派の画家たちにも大きな影響を与えたことはよく知られている。

さまざまな富士の姿を描く

まず「凱風快晴《がいふうかいせい》」は「赤富士」の名で知られている作品で、『富嶽三十六景』の中でも代表作といってよいだろう。赤焼けした初秋の富士山を画面いっぱいに描いている。いっぽう「神奈川沖浪裏《かながわおきなみうら》」のように、富士山を遠景に小さく描いたものもある。

また、追加の「裏富士」には「尾州不二見原《びしゅうふじみがはら》」や「信州諏訪湖」のようにかなり遠方からの富士を描いたものが多い。

「神奈川沖波裏」では逆巻く波を大きくズームアップし、遠方の富士山が波に抱かれるような構図をとっている。また、「尾州不二見原」は大きな樽の向こうに小さな富士を描き、作りかけの樽の中では樽職人が富士山に背を向けて一心不乱に木を削っている。

北斎には近景と遠景のコントラストを極端なまでに強調した作品が多い。

『不二三十六景』の特徴

『不二三十六景』は歌川広重（一七九七〜一八五八）の作品。広重は北斎とほぼ同時代に活躍した絵師で、『東海道五十三次』を描いたことにより、浮世絵師としての地位を確立した。

その広重が北斎と同様、富士山の三十六景を描いているのだ。広重の作品は北斎に比べると極端なデフォルメがなく、実景に近いものが多いということができる。

また、広重には北斎の「凱風快晴」や「山下白雨《さんかはくう》」のように画面いっぱいに富士山を描いた作品はない。二人は日本橋や玉川、七里ガ浜、田子の浦など共通の場所から望んだ富士山も描いているが、多くは少し違った場所からの富士である。

さらに両者とも長野の諏訪湖からの富士山を描いており、同じ場所から望んだ景色と考えられる。しかし、北斎の富士は遠くに小さく描かれているのに対して、広重の富士は中央に比較的大きく描き出されている。

富士曼荼羅

曼荼羅とは

曼荼羅《まんだら》は密教の世界観を表した画像で、「胎蔵界曼荼羅」と「金剛界曼荼羅」からなる。

前者には四一四、後者には一四六一の仏、菩薩、明王などの尊像が描かれている。日本には平安時代のはじめに空海が中国からもたらし、真言宗や天台宗などの密教寺院に広まった。

このような密教の曼荼羅にならって、鎌倉時代ごろから各地の霊場などの光景が描かれるようになり、それを「宮《みや》曼荼羅」とか「参詣《さんけい》曼陀羅」と呼ぶようになった。

たとえば、熊野三山を描いた「熊野曼荼羅」、奈良の春日大社の光景を描いた「春日曼荼羅」などがあるが、「宮曼荼羅」は熊野三山や春日大社の全景をとらえた俯瞰図《ふかんず》であるのに対し、この俯瞰図に参詣の人々を描き込んだものを「参詣曼陀羅」と呼ぶ。

講とともに発展した曼荼羅

室町時代ごろから講が盛んになるに伴って「宮曼荼羅」や「参詣曼陀羅」が盛んに作られるようになった。各地の霊場の御師《おし》たちは曼荼羅を携えて諸国を行脚《あんぎゃ》し、信者の獲得に力を入れた。

御師たちは曼荼羅を掲げて人々に霊場の光景や由

絵解きする御師

御師たちは曼荼羅を使って人々に富士山参詣の魅力を伝えた。

緒、行事、御利益などを説いたのである。つまり、曼荼羅は布教用のツールで、今でいえばプロモーションビデオといったところだ。

そして、このような曼荼羅の解説を「絵解き」と呼ぶのである。

富士曼荼羅もこのような曼荼羅の一つで、室町時代から江戸時代にかけて盛んに作られ、御師たちが各地を巡歴して富士山の魅力と霊験を説き歩いた。

富士曼荼羅の構成

掲載した「絹本著色《けんぽんちゃくしょく》富士曼荼羅図」は室町時代の末に製作されたと見られ、狩野派の絵師、狩野元信《かのうもとのぶ》（一四七六〜一五五九）の作ともいわれ、現在は富士山本宮浅間神社が所蔵している。

まず、画面の一番下の中央に描かれているのが三保松原、その左手には天武天皇の時代（七世紀）に蝦夷《えみし》に備えて設けられたという清見ヶ関、その傍らには関の鎮守として建てられたという清見寺の三重塔が見える。

その上にある社が富士山本宮浅間大社で、境内の湧《わく》玉池《たまいけ》で道者（参詣の人）たちが禊《みそぎ》をしている。

現在の浅間大社の本殿は「浅間造」と呼ばれる二階建ての社殿で、江戸時代のはじめに徳川家康の寄進によって建てられたものだ。しかし、この曼荼羅が製作された時代にはまだ一階建ての社殿だったことが分かる（122〜123ページを参照）。

コラム

女人堂

掲載した曼荼羅の中にも女人堂と思《おぼ》しき堂が見え、そこに描かれた数人の人物の中に女性が含まれているようだ。かつて、山岳信仰の山は女人禁制で、女性は山麓に設けられた女人堂までしか行くことができなかった。そこで、女性たちは女人堂まで登り、ここで霊山を望んで祈願などをしたのである。

この富士曼荼羅には237人の人物が描かれているが、そのうち女性は22人。もちろん女人堂から上の登拝道には女性の姿は見られない。女性が富士に登れるようになったのは、明治以降のことである。

絹本著色富士曼荼羅図

狩野元信が描いた豪華絢爛な曼荼羅図。

浅間大社の右上には村山浅間神社と大日堂が描かれている。このあたりが富士修験の中心となった興法寺《こうぼうじ》があったところだ。興法寺の少し下には滝があり、そこで禊をする道者の姿も描かれている。

さらにその上には、明治の神仏分離で撤去された中《ちゅう》宮八幡堂《ぐうはちまんどう》、女人《にょにん》堂、御室大日堂、行者堂などが描かれている。

五合目から上、森林限界を超えると富士山の山肌は金色に彩られている。つづら折の登拝道を人々が数珠《じゅず》つなぎになって登っていく光景が表されている。五合目の少し上の向かって右側には日輪（太陽）、左手には月輪（月）が描かれている。

そして、山頂の三つの嶺には、右から大日如来、阿弥陀如来、薬師如来の富士山の守護本尊が描かれている。

江戸時代まで多くの富士曼荼羅が製作されたが、この曼荼羅はかなり豪華版で絹本《けんぽん》（絹のキャンバス）に描かれている。

現存する富士曼荼羅のほとんどは紙本（和紙）に描かれており、絹本の曼荼羅は三幅しか残っていない。

富士山本宮浅間大社

清見寺

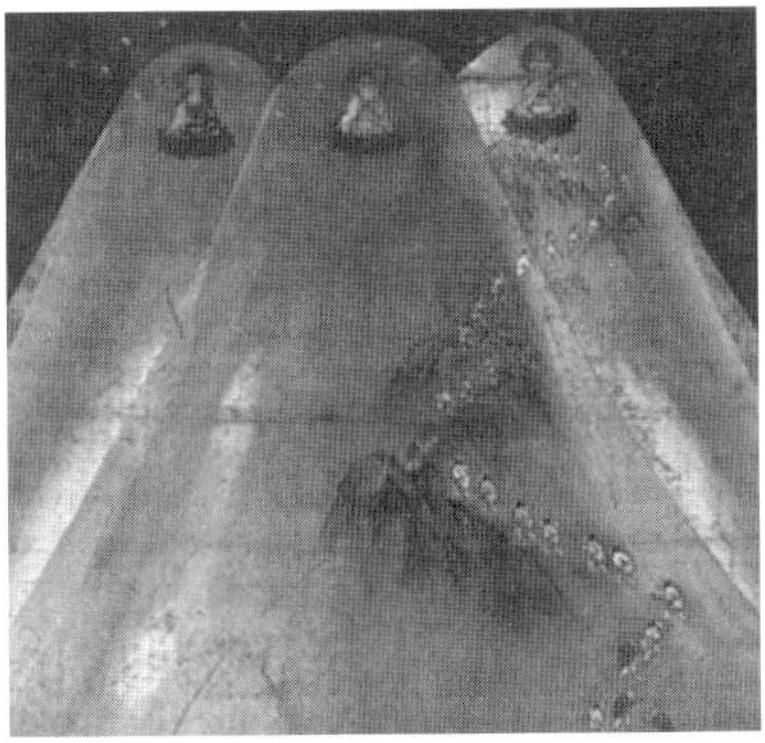
山頂の本地仏

銭湯と富士山

銭湯の壁を飾る富士山

最近は銭湯自体がどんどん姿を消していっているが、かつて東京の銭湯といえば富士山の絵が壁一面に描かれていた。

最初に銭湯に富士山の絵が描かれたのは大正元年（一九一二）のことである。東京・神田猿楽町《さるがくちょう》の「キカイ湯」という銭湯の壁を飾ったのがはじまりだ。

銭湯に描かれた富士山

富士山の雄大な姿が入浴客をなごませる。

なぜ、富士山が描かれたかについてハッキリしたことは分からない。しかし、たまたま依頼した油絵画家が富士山の絶景ポイントとして知られる静岡県掛川市の出身だったことから、幼いころから親しんでいた風景を描いたのかもしれない。しかし、これが大ヒット。東京を中心に銭湯の富士山絵は瞬く間に普及したようである。

太宰治《だざいおさむ》は昭和一四年（一九三九）に発表した『富嶽百景』の中で、山梨県の御坂峠《みさかとうげ》から望んだ富士山について次のように述べている。

「これは、まるで、風呂屋のペンキ画だ」。このころにはすでに銭湯の壁を飾る絵といえば、富士山が定番になっていたのだ。

関東大震災と富士山

銭湯に富士山がデビューした年の九月一日には関東大震災があり、東京は壊滅的な被害を受けた。火災や倒壊でほとんどの建物がなくなった東京からは皮肉なことに富士山がよく見えるようになった。震災で絶望のどん底に陥った人々にとって富士山は以前にも増して気高く映ったのかもしれない。

　銭湯の壁にペンキ絵を注文したキカイ湯の主人も、震災で疲弊した人々になんとか喜んでもらえる趣向を考えたのだろう。そして、富士山の絵と出会った。銭湯の富士山は東京市民の総意にうまくマッチしたのかもしれない。

　また、銭湯は庶民の癒《いや》しの空間でもあった。昔はよく銭湯の湯船に浸かりながら、「極楽！　極楽！」と満足げにいう人を見かけたものだ。広い浴場でさっぱりと身体を洗い、さらに、古くから地上の極楽浄土といわれてきた富士山を目にすることができれば、癒しの効果は抜群だ。そんな状況の中、とりわけ東京市民にとって銭湯の富士山は欠かすことのできない存在になったのであろう。

　近年、銭湯の数は全国的に激減したが、ペンキ絵職人は今も健在だ。銭湯に描かれた富士山には特に決まりごとはなく、ペンキ絵職人のイメージに従って描かれるようだ。

　前方に海や小島を配したものが多いのは、やはり、富士山といえば三保松原のイメージが強いせいだろう。中には白糸の滝と思しき滝を描いたものもある。また、麓や背景に雲が描かれることはあるが、富士山に雲がかかるものはないようだ。

コラム

今も描かれ続ける銭湯の富士山

　高度成長末期の昭和40年に東京だけでも約2641件の銭湯があった。これが平成22年には801件と三分の一以下に減少した。このような減少傾向は全国的にも同じような推移をたどっている。内風呂の普及がその大きな原因だ。

　その一方で銭湯の富士山のペンキ絵の製作は今も続けられている。東京ではペンキ絵職人は二人しかいないというが、今も銭湯の壁を飾るのは富士山が定番だ。やはり、銭湯に行けば、富士山を眺めて「極楽！　極楽！」というのが庶民の最大の癒しになっているようだ。

おわりに

日本では太古の昔から山は「他界」といって死者の赴く領域として畏怖された。同時にそこは俗界から隔絶された神聖な領域で妄《みだ》りに足を踏み入れることができなかった。山に入ることができるのは猟師や樵《きこり》、鉱石採集などの山仕事をする人と深山幽谷で厳しい修行をする山岳修行者（修験者）だけに限られていたのだ。

室町時代ごろから富士講が盛んになり、修験者以外の一般の講徒も富士登拝をするようになったが、そのときも先達の指導の下に水垢離などをして身を清め、登山の前には食べ物も制限して登拝に備えたのである。つまり、山に入るには厳しい掟を守らなければならなかったのだ。

このような聖地としての山にいわゆるマウンテニアリングやレジャー登山の習慣をもたらしたのは幕末から明治の初年に来日した欧米人だ。とりわけ明治二〇年代に来日したイギリス人宣教師ウォルター・ウェストンは富士山をはじめ、北穂高岳や飛騨山脈、木曽山脈などに登って日本のスポーツ登山の普及に大きく貢献した。

二〇一三年、世界文化遺産に登録された富士山には三五万人もの人が登ったというが、信仰心をもって霊峰に登った人は少ないだろう。スーツに革靴、ビジネスバッグを持った若者が二人、中腹で強制下山させられた姿をテレビで見た。

日本の山は単なるマウンテニアリングやレジャーの対象ではない。神聖な山に入るにはそれなりの作法が必要だということを忘れてほしくない。江戸時代にも一万人近い人が富士山に登ったというが、意外にも大きな遭難事故は記録されていない。厳しい掟を守り、作法に則った証かもしれない。

❖参考文献

『富士山─大自然への道案内』小山真人著・岩波新書
『富士山文化─その信仰遺跡を歩く』竹谷靱負著・祥伝社新書
『富士山の文学』久保田淳著・角川ソフィア文庫
『富士山の大図鑑』富士学会監修・PHP研究所
『江戸の旅文化』神崎宣武著・岩波新書
『富士浅間信仰』平野栄次著・雄山閣出版
『富士講の歴史─江戸庶民の山岳信仰』岩科小一郎著・名著出版
『随想南富士』巌谷大四、和歌森太郎ほか共著・丸ノ内出版
『縮刷版 神道事典』國學院大學日本文化研究所編集・弘文堂
『吾妻鏡』『国史大辞典』益田宗編・吉川弘文館
『富士山─聖と美の山』上垣外憲一著・中公新書
『江戸の旅文化』神崎宣武著・岩波新書
『富士百景』山梨県立文学館編・山梨県立文学館
『竹取物語』角川書店編・角川書店
ほか

❖写真協力（敬称略、順不同）

忍野村、富士河口湖観光協会、杉山 初、宮崎県立図書館、沼津市産業振興部、称名寺（神奈川県立金沢文庫管理）、富士河口湖町観光課、富士河口湖総合観光情報サイト、静岡観光コンベンション協会、静岡県観光協会、鐵砲洲稲荷神社、鐵砲洲稲荷神社弥生会（星）、御前崎市教育委員会、清水町役場、国土交通省富士砂防事務所、岡田紅陽写真美術館、静岡浅間神社、鳩森八幡神社、富士吉田歴史民俗博物館、富士吉田市、富士宮市教育委員会富士山世界遺産課、鳴沢村役場、小山町商工観光課、御殿場市商工観光課／フォトグラファーMUSH、八王子市観光課、三重県観光連盟、富士市教育委員会、富士山本宮浅間大社

瓜生 中（うりゅう　なか）

1954年、東京に生まれる。早稲田大学大学院修了。東洋哲学専攻。仏教・神道・インド思想の研究、執筆活動を行い、現在に至る。著書に『仏教入門』（大法輪閣）、『知っておきたい日本の神話』『知っておきたい仏像の見方』『知っておきたい日本の名僧』（以上、角川ソフィア文庫）、『なるほど知るほどハッ！とする仏教』（佼成出版社）、『知識ゼロからのお寺と仏像入門』『知識ゼロからの仏像鑑賞入門』『知識ゼロからの神社と祭り入門』『知識ゼロからのお経入門』（以上、幻冬舎）などがある。また、近年は各地の浅間神社や富士山麓の構成資産などを巡り、歴史雑誌に富士信仰や世界文化遺産の構成資産などについての原稿も執筆している。

装幀　石川直美（カメガイ デザイン オフィス）
カバー写真　©sakura-Fotolia.com　©siro46-Fotolia.com
本文デザイン　高橋デザイン事務所（高橋秀哉　高橋芳枝）
本文イラスト　青木宣人
編集協力　ヴュー企画（中尾貴子）
編集　鈴木恵美（幻冬舎）

知識ゼロからの富士山入門

2014年5月10日　第1刷発行

著　者　瓜生中
発行人　見城徹
編集人　福島広司

発行所　株式会社 幻冬舎
〒151-0051　東京都渋谷区千駄ヶ谷4-9-7
電話　03（5411）6211（編集）　03（5411）6222（営業）
振替00120-8-767643
印刷・製本所　近代美術株式会社

検印廃止

ISBN978-4-344-90284-8 C2095
Printed in Japan
幻冬舎ホームページアドレス　http://www.gentosha.co.jp/
この本に関するご意見・ご感想をメールでお寄せいただく場合は、comment@gentosha.jpまで。